Le Petit Livre du Sagittaire

Marie Lombard

FIRST Editions

ISBN : 978-2-7540-6738-6
Dépôt légal : novembre 2014
Imprimé en Italie

Direction éditoriale : Marie-Anne Jost-Kotik
Édition : Laury-Anne Frut et Élodie Le Joubioux-Miossec
Correction : Élodie Le Joubioux-Miossec
Mise en page : Olivier Frenot

Éditions First, un département d'Édi8
12, avenue d'Italie
75013 Paris – France
Tél. : 01 44 16 09 00
Fax : 01 44 16 09 01
E-mail : firstinfo@efirst.com

Site internet : www.editionsfirst.fr

Sommaire

LE SIGNE DU SAGITTAIRE

Neuvième signe⊛[1] du zodiaque⊛, le Sagittaire marque la fin de l'automne, le moment où la nature se replie sur elle-même avant d'affronter l'hiver. Signe de Feu⊛, sa nature est de braise : la vie conservée sous la cendre en attendant de pouvoir renaître. Signe double, souvent représenté par un centaure, mi-cheval mi-homme, il représente le lien entre l'animal (la nature, le charnel, les pulsions…) et l'humain (la culture, le spirituel, la raison…). D'un côté, il est instinctif (rebelle à l'autorité, excessif dans ses plaisirs…) ; de l'autre, moral (c'est avec lui que le « moi » a le sens du bien et du mal). Gouverné par Jupiter⊛, « le père des dieux et des hommes » pour les Grecs, il incarne la loi, symbolise l'ordre et la justice.

1 Les termes suivis de ce symbole sont définis dans « Le petit dico de l'astro ».

SES BASIQUES

Graphisme : ♐

Saison⊛ : automne
Élément⊛ : Feu

Période : 23 novembre – 21 décembre
Genre : masculin
Comportement : Mutable⊛

Planète + : Jupiter (autorité, bienveillance, optimisme). Fascination pour l'aventure, les voyages, l'ailleurs, l'étranger; goût pour le confort, la loi, les profits matériels, la cuisine, les bonnes œuvres (philanthropiques, sociales, humanitaires, etc.)…

Planète - : Mercure⊛ (le proche, l'immédiat, l'instable). Méfiance à l'égard des frères, sœurs, voisins, collègues, collaborateurs; aversion pour l'ironie, la malhonnêteté, le bavardage, le nomadisme, la frime, les gadgets, le toc…

Qualités : expansif, indépendant, optimiste, enthousiaste, honnête, loyal, conquérant.

Défauts : exhibitionniste, hautain, autoritaire, conformiste, hypocrite, bluffeur, gaffeur.

Psychopathologie : personnalité narcissique.

Déviances[2] : vol de voiture, abus de confiance, de biens sociaux, escroqueries, menaces, consommation de drogues…

Maladies[3] : maladie cérébrale, diabète, pneumonie, grippe, cancer des poumons, embolie pulmonaire…

FIGURES DU MAL

Maléfique, le Sagittaire vire à l'exterminateur (Néron, Vlad IV, dit « l'empaleur », qui a inspiré le personnage de Dracula) et au détraqué sexuel comme Ted Bundy, surnommé le « Tueur de femmes » (trente-cinq victimes), Edmund Kemper, dit « l'ogre de Santa Cruz » ou le « Dévisseur de têtes » (il n'était capable de faire l'amour qu'à des corps sans tête). Et parfois au tueur de masse, par exemple James Eagan Holmes, le responsable de la fusillade dans le cinéma d'Aurora (douze morts, cinquante-neuf blessés), pendant la première du dernier Batman (*The Dark Knight Rises*).

---

2 Société américaine de psychiatrie, « Troubles de la personnalité » dans *Manuel diagnostique et statistique des troubles mentaux, DSM-IV*, Masson, 1994.

3 Statistiques IMWA/Université de Munich dans Gunter Sachs, *Le Dossier astrologie. La preuve scientifique qu'il existe un lien mesurable entre les signes du zodiaque et le comportement humain*, Michel Lafon, 2000.

SA SYMBOLIQUE

Dans le zodiaque, le Sagittaire est représenté par un centaure. Mi-cheval, mi-homme, le centaure symbolise l'union du charnel et du spirituel. Quand triomphe la part animale, le Sagittaire est un être généreux, prodigue, expansif. Ses aspirations et ses projets sont limités par ses obsessions sexuelles. Du passé, il ne se rappelle que les joies : son avenir ne lui apparaît que sous des couleurs brillantes. Il aime entreprendre, créer manuellement ou intellectuellement ; il se concentre sur ses objectifs en s'aveuglant sur son entourage. Confiant en tout, trop sûr de lui, il s'effondre s'il est atteint dans ses œuvres vives. Quand domine en revanche la part humaine, le Sagittaire est un être évolué, raffiné, délicat. Il sait encore rire mais ses joies sont profondes, enthousiastes. Ses plaisirs n'ont plus rien de grossier, d'égoïste : il ne peut les prendre qu'en les partageant ; indulgent, il console toutes les souffrances, réconforte toutes les détresses.

En réalité, le Sagittaire n'est jamais tout à fait bête ou tout à fait saint. L'homme qui forme la partie supérieure du centaure bande un arc et s'apprête à décocher une flèche vers le ciel. En lui-même l'archer représente l'intégration de l'animal et de l'homme ; il est sublimation des instincts, aspirations de l'humain, projection vers le divin.

LE SAGITTAIRE DANS LA MYTHOLOGIE

Dans la mythologie gréco-romaine, le centaure est une créature monstrueuse, mi-homme mi-cheval. La race des centaures est née des amours d'Ixion, le « Caïn » Grec, et d'une nuée. Ixion s'était mis en tête de séduire Héra, l'épouse de Zeus. Un peu ébahi par l'extravagance de son projet, Zeus lui envoya une nuée façonnée à l'image de sa femme pour juger l'individu. Il l'avait dans un premier temps pris en pitié ; il le condamna après sans regret. Hérédité oblige, les centaures étaient violents, pillards, orgiaques, sans complexe ni culpabilité. Un seul pourtant échappait à la règle : le centaure Chiron. Chiron était né des amours de Cronos, le Saturne latin, et de Philyra, une femme d'Océan. À la différence de ses congénères, Chiron était sage et bienveillant. C'était un humaniste, un philanthrope. Il joue dans la légende un rôle de protecteur et de pédagogue. Médecin, pratiquant même la chirurgie, il enseignait aux hommes la médecine, mais également l'art de la guerre et de la chasse, la musique et la morale.

SA PLANÈTE : JUPITER

Le signe du Sagittaire est placé sous la tutelle de Jupiter, le Zeus grec. Zeus est le premier et le plus grand dieu du

panthéon hellénique. Il incarne pour les Grecs un ordre nouveau. Avant lui, le monde était dominé par les puissances chaotiques de la nature. Avec lui, commence les premiers âges de la civilisation. C'est le fondateur et le principal gardien de la loi : il fait régner l'ordre et la justice dans le monde. C'est lui qui veille au respect des serments, des devoirs d'hospitalité (les étrangers et les voyageurs sont sous sa protection), qui se charge de purifier les meurtriers de la souillure du sang ou de les punir. Zeus est aussi le gardien de la Cité. Il veille au respect de la société, de ses hiérarchies ; il est le garant du pouvoir royal. Mais Zeus est soumis au destin (tout ce qui semble injuste, déraisonnable et incompréhensible dans le monde). Par exemple, quand il apprend que son fils Sarpédon est condamné à mourir de la main de Patrocle, il ne fait rien pour sauver un fils qu'il aime tendrement.
Avec Jupiter, le Sagittaire est un personnage jovial, naturellement optimiste et sociable. Dans ses bons jours, il est foncièrement honnête, agréable de caractère et d'humeur, compréhensif et philosophe, idéaliste et libéral. Aux mauvaises heures, il oublie d'être serviable ; il se montre hautain, hypocrite avec ses supérieurs, méprisant avec ses inférieurs. Son paternalisme devient arrogance, son autorité n'est plus employée qu'à la défense de ses privilèges personnels. Ses décisions perdent de leur bon

sens habituel. Le règne de l'arbitraire commence. Pour ne jamais durer très longtemps. Le Sagittaire est heureusement trop bon vivant pour persévérer dans le despotisme.

LA MAISON DU SAGITTAIRE

Le signe du Sagittaire est associé à la Maison⊛ IX, qui représente le monde du spirituel, l'univers du sexuel. Le sexuel n'est pas le sexe, représenté par le signe du Scorpion⊛ et la Maison VIII, ni la sexualité, représentée par le signe du Verseau⊛ et la Maison IX. Le sexuel, c'est d'abord une énergie qui mobilise, qui s'investit ici ou là, qui s'économise ou se gaspille, se conserve ou se transfère. C'est aussi une matière, chair à plaisir, organe à jouir, quelque chose de continu et de durable, qui peut s'acheter ou se vendre, se donner ou se prendre. Mais c'est encore de l'information, choses qui s'apprennent et se disent, qui s'échangent ou se taisent. Finalement, le sexuel c'est ce qui fait que le Sagittaire s'agite beaucoup, physiquement et intellectuellement; une invitation au voyage, un appel à l'aventure matérielle ou spirituelle.

LE MOI SAGITTAIRE

Le Sagittaire est le signe du zodiaque le plus optimiste, c'est un être de foi. On peut l'accuser de tout sauf de mauvaise volonté ou de manquer d'enthousiasme. Entreprenant, il est partisan de l'expansion, de la croissance, de la prospérité tous azimuts. Pas de temps mort dans sa vie (il supporte mal l'inactivité), il brasse sans cesse mille projets, il est prêt à relever tous les défis, à jouer tous les paris pour améliorer son sort (il est matérialiste) ou celui de l'humanité (c'est un philanthrope). Très honnête aussi. Bien sûr, il peut bluffer, se montrer hypocrite, mais fondamentalement, c'est quelqu'un de très respectueux des autres (essentiel pour construire le monde civilisé qu'il imagine).

SON CARACTÈRE

Regardez-le agir, écoutez-le parler ; ses mouvements, ses gestes ont toujours beaucoup d'ampleur, ses paroles sonnent justes. Sa volonté d'expansion est souvent manifeste ; au naturel, il affirme sans détour ses ambitions, ses idéaux. Il n'est jamais sans cause à défendre, à promouvoir, sans projet à entreprendre, à réaliser. Prophète ou efficace, il est capable de mobiliser toutes les bonnes volontés autour de lui, de faire converger les énergies, les compétences particulières sur un unique objectif. Sa cordialité, sa largeur de vue sont très impressionnantes ; il inspire spontanément confiance. Il n'est pas très facile de lui en vouloir même s'il déçoit. Éveillant la sympathie, il la provoque aussi.

Son attrait pour l'aventure s'accompagne toujours d'une certaine appréhension. Son entrain et son affabilité masquent parfois difficilement son anxiété. Inquiet de tout et de rien, il a besoin de vivre sous tension pour chasser l'ennui, combattre les habitudes et donner le meilleur de lui-même. Au fond, il est comme un arc tendu, sans cesse disposé à jouer tous les paris, à accepter tous les défis.

C'est un être de foi ; rien ne lui semble *a priori* impossible. Il a plus souvent tendance à sous-estimer les difficultés qu'à se dérober devant les obstacles ou à céder devant la complexité des situations. On peut l'accuser de tout sauf d'être passif devant les événements ; il est rarement pris au dépourvu. En toutes circonstances, il donne l'impression de savoir ce qu'il convient de penser ou de faire. En pratique, les choses sont un peu plus compliquées. Ses réalisations sont rarement aussi vastes que ses projets initiaux; son succès est moins complet qu'il ne l'avait songé. Il a parfois tendance à surestimer ses propres possibilités. S'il se bluffe lui-même, et les autres avec lui, ce n'est pas par manque de sincérité. Il lui est simplement difficile d'imaginer que les gens ou les choses résistent, qu'elles ne cèdent pas automatiquement à l'effort ou à la raison.

SON ENFANCE

Enfant, le Sagittaire a un côté un peu solennel, un caractère optimiste, un tempérament jovial. Plein de bonne volonté, il est assez obéissant, il ne s'indigne qu'en cas d'injustice flagrante. Entreprenant, il est toujours partant. Il frise parfois l'inconscience. Toujours prêt à se mettre en quatre, il dort mal s'il n'a pas accompli sa bonne action quotidienne. Individualiste, il est hyperactif; empressé, il adore prendre les choses en main. Franc comme l'or, il est sans détour, pas très psychologue et d'une honnêteté souvent désarmante. Brassant mille projets, il rêve d'évasion. Réaliste, il s'enferme dans ses habitudes. Couper les amarres, c'est une chose, les ponts, c'en est une autre.

À QUOI CARBURE-T-IL ?

SA VALEUR DOMINANTE : L'ACTION

Énergique, enthousiaste, le Sagittaire est un proactif : il ne se contente pas de réagir aux événements, il prend sans cesse des initiatives. Et un optimiste. Généralement de bonne humeur, il ne manque pas pour autant de retenue (il n'est jamais trop démonstratif, exubérant, excessif). C'est quelqu'un qui n'hésite jamais, qui décide rapidement (revers de la médaille : même quand il se trompe, il a du mal à faire machine arrière). Souvent un meneur : il ne déteste pas monter au front, prendre des risques.

SA FORCE

Il a le sentiment que tout lui est possible. En général, il maîtrise plutôt bien les choses. Du coup, il réussit souvent là où d'autres n'oseraient même pas. Il obtient beaucoup de choses au culot, en surprenant, en étonnant ou par l'intimidation.

SA FAIBLESSE

Ses succès doivent toujours beaucoup à la chance ou à la faiblesse des autres. Il décide et il agit vite parce qu'il ne sait pas attendre (manque de patience). Il prend des risques parce qu'il ne sait pas être prudent.

COMMENT LE PRENDRE

En principe, il n'y a pas plus posé que lui (bon sens bien de chez nous, morale bourgeoise à toute épreuve, etc.). Bien sûr, c'est un enthousiaste, il a des grandes bouffées d'euphorie, d'exaltation, mais en général, ça n'excède pas les limites de la bienséance et du convenable. Trop d'injustice (l'impression qu'on se fiche de lui, qu'on l'utilise), trop de contraintes (il se sent de plus en plus coincé), il peut déchaîner la foudre. Comment l'éviter ? En désamorçant les confrontations directes (se montrer bienveillant) et en s'efforçant toujours de trouver des terrains d'entente (il est ouvert aux négociations).

QUELLE CHANCE A-T-IL ?

Le Sagittaire a généralement une veine exceptionnelle (depuis qu'il est tout petit) et ça multiplie les occasions. Non seulement il est ultra doué pour attraper la chance quand elle passe (en plus les plats repassent souvent quand il les a ratés une première fois), mais en plus il a un sens

aigu des opportunités (un bon coup d'œil et d'excellents réflexes). Résultat : il est souvent au bon endroit au bon moment (et avec les bonnes personnes).
La chance du Sagittaire est particulièrement tangible dans la gestion des grands projets. Toutes les entreprises matérielles et intellectuelles sont favorisées, notamment dans tout ce qui est en rapport avec la loi.
C'est aussi un présage de succès en pays étranger ou en relation avec des étrangers, de grands voyages profitables.

SES ANNÉES CLEFS

Dans la vie, il y a des hauts et des bas, des moments charnières, des périodes clefs à ne pas rater. Quel avenir pour le Sagittaire ? Voilà un aperçu (non exhaustif) de ses possibilités.

2014

Une grande remise à plat possible avec le passage de Saturne® dans le signe (du 24 décembre 2014 au 20 décembre 2017). Pas de doute : il a maintenant suffisamment d'expérience pour savoir quel genre de vie il doit mener (où ? comment ? avec qui ?). Si ce n'est pas le cas, s'il ne sait toujours ce qu'il veut (supporter ou pas), c'est le moment de prendre du recul et de faire un bilan complet (et sérieux) de son existence.

2017

Gros problème (psychologique, relationnel...) pendant le passage de la Lune Noire® (du 14 février au 10 novembre 2017) dans le signe. Des risques de ruptures (sentimentales, professionnelles). Deux solutions : soit s'enfermer dans le non-dit (et même le non pensé). Bref, se taire et ruminer, culpabiliser, en vouloir (à lui, aux autres), reculer devant l'obstacle, adopter une conduite d'échec... Soit remettre tout à plat et affronter les problèmes : « Qu'est-ce qui ne va pas, qu'est ce qui me bloque, qu'est-ce que je peux faire pour me décoincer ? ».

2019

Le bon moment pour démarrer une nouvelle vie (Jupiter dans le signe du 9 novembre 2018 au 2 décembre 2019), reconstruire son existence sur des bases nouvelles. Il n'est plus tout à fait la même personne (il a mûri dans le feu de l'action), forcément il n'a plus les mêmes priorités. Le moment est venu pour lui de mettre tout (valeurs, sentiments, ambitions...) à plat, de se livrer à un examen lucide et de prendre des décisions (mode de vie, travail, fréquentations, amour…) radicales.

2020

De nombreuses facilités avec la Queue du Dragon® dans le signe (du 6 juin 2020 au 23 décembre 2021). Amour, argent, relation, travail, toutes les portes lui sont très ouvertes et les cailles peuvent lui tomber toutes rôties dans le bec. C'est le moment ou jamais de prendre ses désirs pour des réalités. Le bémol: pas de décision à l'instinct, sur un coup de tête. Il doit bien peser le pour et le contre avant d'agir.

2024

Pénible, cette opposition de Jupiter (à partir du 25 août jusqu'au 9 juin 2025). Il peut faire du gras comme la grenouille qui voulait devenir bœuf (La Fontaine) pour exister: par simple vanité ou pour compenser un gros manque affectif (carré® de Saturne qui lui impose des restrictions et lui fait subir des frustrations). Ou des excès (alcool, pétards, achats compulsifs…). C'est usant (moralement et physiquement) si ça dure trop longtemps. Autre danger: mal placer son argent. Il doit absolument éviter les investissements à risque ou de prêter sans garantie.

2026

Opposition d'Uranus® (ça n'arrive qu'une fois tous les quatre-vingt-quatre ans et ça dure huit ans en moyenne). Manque de chance, la Lune Noire est dans son signe (jusqu'au 15 septembre). Résultat: il vire un peu paranoïaque (à la maison, au bureau) intransigeant (avec ses enfants, ses amis, ses collaborateurs...). Et refuse tous les changements. Tout ça ne lui ressemble pas (il est plutôt confiant, libéral). Du coup, il s'en veut beaucoup.

2029

Une épreuve, une porte fermée (par exemple des problèmes de vie commune, un blocage sexuel, etc.) avec la Tête du Dragon® dans le signe (du 26 septembre 2029 au 14 avril 2031). Il peut renoncer (par exemple devenir dépendant ou platonique à vie) ou, au contraire, faire un effort pour être plus lucide: qu'est-ce qu'il attend de l'autre? Une fois qu'il saura ce qu'il veut vraiment, il pourra garder son partenaire ou le quitter.

2030

Le moment est venu pour le Sagittaire (opposition de Saturne du 2 juin 2030 au 14 juillet 2032) de prendre ses responsabilités. Faire ses propres choix (matériels, financiers...) et les assumer, quitte (c'est probable) à entrer en conflit avec son entourage (famille, amis...). Sinon il risque de rester sous sa coupe (même dorée ce n'est pas une affaire) et de se trimballer sa vie durant avec un paquet d'inhibitions, de scrupules étouffants et de culpabilité. Nouvelle rencontre, changement de job, déménagement... Le passage de Jupiter dans le signe (à partir du 23 octobre), c'est justement l'occasion de trouver un deuxième souffle et d'entamer une existence plus épanouie et plus cool. Fini de se battre contre tout et rien (surtout les moulins, sa spécialité), de courir dans tous les sens, il va enfin pouvoir profiter de la vie. Plus de bien-être (confort, argent, plaisirs...), mais aussi plus de certitudes: cette fois, il sait ce qu'il veut, il est sur la bonne voie.

2032

Fin de l'opposition de Saturne (le 14 juillet). Tout redevient plus léger. Moins de contraintes et de restrictions (familiales, professionnelles, financières...). Et plus de petits et grands plaisirs, de possibilités d'expansion, de sentiments de bien-être. Les projets gelés ou retardés refont surface.

2036

Séparation, excès de vitesse, licenciement abusif, litiges... De toute façon, il est en bisbille avec la loi pendant l'opposition de Jupiter (du 10 mai 2036 au 24 mai 2037). Rien de dramatique, sauf que c'est toujours pénible pour le moral et le porte-monnaie (avocats et amendes coûtent cher). Forcément, il se sent un peu à l'étroit dans ses baskets, il n'a pas beaucoup de liberté de manœuvre.

LE SAGITTAIRE AU TIBET

Dans l'astrologie tibétaine, les douze signes du zodiaque sont associés aux douze *nidānas* qui forment la chaîne des causes et des conséquences, responsable du cycle infini des naissances et des morts et de la réincarnation.

LE ZODIAQUE TIBÉTAIN

Ces douze causes sont dans l'ordre, chaque *nidāna* (ou chaque signe) entraînant le suivant :

- Bélier⊛ : l'ignorance *(avidyā)*
- Taureau⊛ : les constructions mentales (*samskāra*)
- Gémeaux⊛ : la conscience discriminante (*vijñāna*)
- Cancer⊛ : le nom et la forme (*nāma-rūpa*)
- Lion⊛ : les six sens (*sadāyatana*)
- Vierge⊛ : le contact (*sparśa*)
- Balance : la sensation (*vedanā*)
- Scorpion : le désir (*trsna*)

- Sagittaire : l'attachement (*upādāna*)
- Capricorne®: le devenir (*bhava*)
- Verseau®: la naissance (*jāti*)
- Poissons®: la vieillesse et la mort (*Jarā-marana*).

LA « PERFECTION » DU SIGNE

Pour atteindre le *nirvāna* (littéralement « l'autre rive »), rompre la chaîne des réincarnations ou avoir une réincarnation idéale, c'est-à-dire exempte des huit servitudes que sont les tourments des plaisirs, de la guerre, de l'esclavage salarié ou pas, de la faim, de la soif, de la chaleur, du froid, des idéologies, il faut avant tout faire cesser l'ignorance. Ce qui a pour conséquence la disparition du second terme, qui entraîne la cessation du troisième, et ainsi de suite jusqu'à la disparition du dernier : la douleur, sous toutes ses formes. Pour en finir avec l'ignorance, on ne peut compter que sur ses efforts personnels, mais chaque signe peut y parvenir en suivant sa propre voie, celle qui lui est donnée par son *pāramitā* (littéralement « perfection »).

LE DESTIN DU SAGITTAIRE

Nidāna : *upādāna*, l'appropriation. C'est le fait de rapporter les choses et les gens à soi, de les considérer comme siens au lieu de les voir pour ce qu'ils sont. Cela peut prendre

des formes paroxystiques, notamment dans la possession matérielle et sexuelle.
Pāramitā: *ksanti*, la patience. Pour les Tibétains, la patience a deux sens. Elle permet de supporter la douleur mais permet aussi, par compassion, d'œuvrer au salut des autres. On retrouve là les qualités habituelles du Sagittaire (bienveillance, optimisme) et sa prédilection pour les bonnes œuvres (philanthropiques, sociales, humanitaires…).

BON KARMA: GOUVERNER

Il maîtrise ses pulsions dominatrices et il ne sacrifie pas ses idéaux par conformisme ou pour l'appât du gain. Il met sa prestance et son autorité naturelles au service de ceux qui en sont moins pourvus (protéger les plus faibles, aider les démunis). Attentif aux sentiments, aux besoins et aux attentes de ses proches, il se fait aimer pour ses qualités morales (honnêteté, sens de la justice, bonté) et son dynamisme (enthousiasme, optimisme).

MAUVAIS KARMA: RÉGENTER

Absorbé par ses fantasmes de succès illimité, de pouvoir, d'éclat, de beauté ou d'amour idéal, il ne fait plus attention aux autres. Il est hautain, hypocrite, méprisant et traite ses proches comme des vieux meubles inutiles. Envieux, jaloux, manquant d'empathie, il les utilise comme des objets (sexuels et/ou pompe à fric). Il passe sa vie à réclamer (attentions, cadeaux, privilèges, compliments, traitements de faveur), en piquant des crises quand il ne les obtient pas. Il surestime ses réalisations et ses capacités et cherche (en vain) à être reconnu comme « exceptionnel » sans rien faire pour ça.

SA VIE D'AVANT, SA VIE D'APRÈS

Il était qui avant cette vie? Il est qui après? Pour les hindous, tout dépend de Rahu et Ketu (prononcer: « Rahou » et « Ketou »), la Tête et la Queue du Dragon, deux points astronomiques (à l'intersection de l'orbite lunaire et terrestre) à lent déplacement (ils ne reviennent que tous les dix-sept ans environ dans un signe).
Le signe où est Ketu, la « queue », dans le ciel natal, c'est le chemin de la facilité et parfois la pente sur laquelle on peut dégringoler: inconsciemment, on reproduit les comportements de notre vie passée, mais comme ils ne sont pas adaptés à notre vie actuelle, on rate tout. Rahu, la « tête », c'est en revanche, tout ce qu'on doit affronter, en général ce qui nous est le plus pénible ou qu'on déteste, pour avancer dans le bon sens, vers le haut de l'évolution.

RAHU EN BÉLIER ET KETU EN BALANCE

19 juin 1930 – 6 janvier 1932, 29 janvier 1949 – 17 août 1950, 10 septembre 1967 – 29 mars 1969, 22 avril 1986 – 8 novembre 1987, 1er décembre 2004 – 20 juin 2006, 13 juillet 2023 – 29 janvier 2025, 22 février 2042 – 10 septembre 2043…

SA VIE ANTÉRIEURE

C'était un libertin, souvent un bourreau des cœurs et, plus rarement, une nympho. Il ne rêvait que de se caser, d'âme sœur (il recherchait l'union parfaite), de mariage (il en avait sans doute plusieurs à son actif), mais il ne pouvait pas s'empêcher d' « allumer » (les femmes, les hommes, les bébés, les chiens…). Il avait sans cesse besoin de séduire : pour le plaisir (libertin), mais aussi pour se rassurer dans une masculinité ou une féminité dont il n'était pas très certain.

DANS CETTE VIE-LÀ…

Ses tentations : profiter des atouts que lui a donnés la nature (seins, fesses, yeux, sourire…) au lieu d'utiliser sa tête et passer son temps à tomber amoureux ou être incapable de dire « non », dès qu'un garçon est mignon ou une fille trop craquante. Et, au lieu de se construire socialement et professionnellement, devenir dépendant au nom de l'amour et s'écraser (opinions, goût, intérêts personnels) parce qu'il craint plus que tout la solitude. Ce qu'il doit faire : ne pas chercher à tout prix à plaire et à être aimé. Ni sacrifier son indépendance à un autre (en imaginant qu'il est la solution magique à tous ses problèmes), ni courir d'un partenaire à l'autre en se disant à chaque fois que le suivant est le bon. Il doit apprendre à s'assumer tout seul, à être autonome matériellement et affectivement, sans avoir peur de la solitude.

Sa prochaine vie

C'est un aventurier, un guerrier. Un homme (plus rarement une femme) d'action et de décision (il tranche dans le vif). Il est le bras armé de la loi et de la justice, mais parfois aussi du chaos et de l'injustice : flic, Casque bleu, GI, terroriste, kamikaze…

RAHU EN TAUREAU ET KETU EN SCORPION

12 juillet 1947 – 28 janvier 1949, 21 février 1966 – 9 septembre 1967, 2 octobre 1984 – 21 avril 1986, 14 mai 2003 – 30 novembre 2004, 24 décembre 2021 – 12 juillet 2023, 4 août 2040 – 21 février 2042…

Sa vie antérieure

C'était un séducteur. Il utilisait le sexe pour manipuler et prendre le pouvoir affectivement, socialement et financièrement. Ses rapports étaient souvent conflictuels : il régnait à l'intimidation, à la menace, à l'ultimatum ; ses amours (des relations plutôt sadomaso) étaient empoisonnées par la jalousie, le ressentiment. Il avait du mal à être fidèle, loyal ; il était plus ou moins incapable de gentillesse et de tendresse désintéressées.

Dans cette vie-là...

Ses tentations : se laisser aller à une sexualité débridée, en cédant par exemple à toutes ses pulsions, multiplier les expériences (triolisme, échangisme…) ou profiter de ses facilités dans ce domaine-là pour en tirer des avantages matériels : mariage avantageux, promotion canapé, prostitution. Résultat : une existence sans doute très passionnée, mais aussi très tourmentée avec prises de tête chroniques, bisbilles, MST, violences « conjugales », comportements destructeurs ou autodestructeurs, etc.

Ce qu'il doit faire : apprendre à jouir des plaisirs, du sexe, sans pour autant tomber dans la boulimie maladive. Donc *exit* le sexe pour le sexe (place aux sentiments), les aventures d'un soir (place à l'amour) et les affres de la passion (place à la douceur, la tendresse, le bonheur). Mais *exit* aussi l'ascétisme : il doit apprendre à aimer, à se donner, pas à se frustrer. Il s'agit de faire preuve de tempérance (il a droit à quelques excès), pas d'abstinence.

Sa prochaine vie

C'est un bourgeois. Sensuel, il sait savourer tous les grands et petits plaisirs de la vie : bien-être, bonnes bouffes et bonnes lectures, sexe, amitiés, sans faire de vague. Il profite d'une existence tranquille, simple et naturelle dans la stabilité et la sécurité matérielle et affective.

RAHU EN GÉMEAUX ET KETU EN SAGITTAIRE

23 décembre 1945 – 11 juillet 1947, 3 août 1964 – 20 février 1966, 15 mars 1983 – 1er octobre 1984, 25 octobre 2001 – 13 mai 2003, 5 juin 2020 – 23 décembre 2021, 16 janvier 2039 – 3 août 2040…

Sa vie antérieure

C'était un notable. Quelqu'un (plus souvent un homme qu'une femme) qui jouissait d'une autorité morale et intellectuelle, d'un pouvoir social et financier. Il avait de la surface, des biens, du crédit confiance et de l'influence, du standing, du prestige, de la réputation. Il les utilisait avec bienveillance, mais fort de ses certitudes, de ses principes, il avait souvent tendance à en abuser en se croyant par exemple tout permis.

Dans cette vie-là...

Ses tentations : se prendre au sérieux parce qu'il a quelque chose de plus que les autres (beauté, fric, intelligence, pouvoir) et croire qu'il peut bénéficier de traitements de faveur sans avoir rien fait pour les mériter. Bref, se comporter d'une manière arrogante, hypocrite et intolérante, sacrifier valeurs et principes pour sauvegarder ses petits privilèges et prendre de haut en étant autoritaire, méprisant, les démunis, en fait tous ceux qui ne peuvent rien lui apporter.

Ce qu'il doit faire : arrêter de s'encroûter dans ses petites habitudes, sa routine. Mêmes amis, mêmes relations, mêmes idées, mêmes activités, il fonctionne parfois trop en circuit fermé. Il voit toujours les mêmes têtes, il fait toujours les mêmes choses. Il doit ouvrir son univers : bouger, voyager, rencontrer des gens différents, apprendre à relativiser, à se moquer de lui, à jouer, à s'amuser.

Sa prochaine vie

C'est un saltimbanque. Une fille (mais parfois un garçon, souvent d'ailleurs un peu entre les deux) inventive, curieuse, communicative. Ouvert d'esprit, mobile, il s'adapte avec aisance à tout et partout. Il ne s'attache à rien, jamais durablement ni aux choses (il apprécie les changements, la nouveauté) ni aux gens (il a un peu de mal à se fixer sentimentalement).

RAHU EN CANCER ET KETU EN CAPRICORNE

4 juin 1944 – 22 décembre 1945, 15 janvier 1963 – 2 août 1964, 26 août 1981 – 14 mars 1983, 6 avril 2000 – 24 octobre 2001, 17 novembre 2018 – 4 juin 2020, 28 juin 2037 – 15 janvier 2039…

SA VIE ANTÉRIEURE

C'était un fanatique, un solitaire qui sacrifiait tout : couple, enfants, vie de famille, à ses ambitions personnelles, son travail ou son idéal : une passion intellectuelle ou militante. Il avait le sens du devoir, des responsabilités, le goût de l'effort, de la discipline, de la vérité, une phobie plus ou moins prononcée de la foule, du social, des mondanités. Il se méfiait du désir, de la facilité, des apparences.

DANS CETTE VIE-LÀ…

Ses tentations : trop exiger de lui-même et des autres et s'en vouloir parce qu'il ne fait pas assez ou en vouloir aux autres : ils ne sont jamais à la hauteur, le déçoivent sans cesse. Bref, il vire au poisson froid, trop distant, méfiant, incapable d'intimité, d'exprimer des sentiments, au dragon domestique, revendiquant tout le temps, mais jamais satisfait ou trop timide, coincé, devient rabat-joie, voire maso. Ce qu'il doit faire : arrêter de ne voir que le côté négatif des gens, des choses, des situations et chercher à tout contrôler. Il doit apprendre à faire confiance aux autres (on en obtient toujours plus en les soupçonnant du meilleur), à vivre dans le présent, les bons moments au lieu de se projeter sans cesse dans un avenir idyllique, à exprimer son imagination et ses sentiments au lieu de tout rationaliser.

SA PROCHAINE VIE

C'est une mère. Maternel et maternant, il donne la priorité à la sensibilité, à la créativité et au *feeling*, à l'intimité (maison, couple), à la famille et aux enfants sans que cela l'empêche pour autant d'avoir un travail valorisant. Il fait toujours chaud chez lui : ambiance confortable, bonne nourriture mitonnée avec amour, écoute bienveillante, câlins…

RAHU EN LION ET KETU EN VERSEAU

16 novembre 1942 – 3 juin 1944, 27 juin 1961 – 14 janvier 1963, 5 février 1980 – 25 août 1981, 18 septembre

1998 – 5 avril 2000, 29 avril 2017 – 16 novembre 2018, 10 décembre 2035 – 20 juin 2037…

Sa vie antérieure

C'était un révolutionnaire (plus souvent un que une), un activiste. Il faisait partie d'un groupuscule : majorettes, krishnas, raëliens, *ecolo-warriors*, etc. ou d'une secte et au nom de ses idéaux (liberté, indépendance, révolution, droits des animaux, des arbres…), du Parti ou par pure incapacité, il avait souvent sacrifié reproduction de l'espèce, vie de couple, de famille.

Dans cette vie-là…

Ses tentations : se prendre pour un rebelle et/ou une grande incomprise, continuer à se marginaliser (look extravagant, idées farfelues, etc.) et cultiver sa différence. Résultat : il devient de plus en plus intolérant : il tourne en circuit fermé et tout ceux qui ne sont pas comme lui sont des tarés ; et paranoïaque : le monde entier lui en veut et le persécute pour l'empêcher de délivrer un message capital pour l'humanité.

Ce qu'il doit faire : s'intégrer, remiser ses panoplies (tenues et idéologies de cirque) à la cave, se dire qu'il est comme tout le monde ni mieux ni pire et faire comme tout le monde : cotiser à l'espèce, à la communauté des humains.

Bref, il sort de sa solitude glacée et il se singularise en faisant preuve d'une vraie originalité : création, innovation, etc.

SA PROCHAINE VIE

C'est un mécène (plus rarement une femme), avec du pouvoir et de la prestance. Il est reconnu pour sa contribution à la civilisation ou à la vie sociale. Il réussit à concilier créations de l'esprit (il apporte sa propre contribution artistique) et créations de la chair (il fait des enfants).

RAHU EN VIERGE ET KETU EN POISSONS

28 avril 1941 – 15 novembre 1942, 9 décembre 1959 – 26 juin 1961, 20 juillet 1978 – 4 février 1980, 28 février 1997 – 17 septembre 1998, 11 octobre 2015 – 28 avril 2017, 22 mai 2034 – 9 décembre 2035…

SA VIE ANTÉRIEURE

C'était une Cendrillon : prostituée, technicienne de surface, femme battue, servante de Dieu, dans le don ou l'abnégation de soi. C'était une victime, une sacrifiée ; elle n'avait pas les moyens (manque de caractère, d'éducation, d'argent…) pour sortir de sa situation. Facilement influençable, impressionnée, elle était exploitée.

Dans cette vie-là…

Ses tentations : continuer à se sacrifier au nom de l'amour, par exemple en vivant par ou à travers un autre, d'une « mission ». Passer sa vie à culpabiliser (il mérite tout ce qui lui arrive, il n'en fait jamais assez pour les autres) et entretenir la spirale infernale du malheur : il choisit systématiquement des gens et des expériences qui lui font du mal à l'ego et/ou physiquement. Résultat : il est de plus en plus déprimé, en situation d'échec.

Ce qu'il doit faire : arrêter de se focaliser sur tout ce qui ne va pas chez lui (défauts physiques ou moraux) et se prendre en main et en charge. Concrètement, ça veut dire ne plus faire des choix de vie, de gens en fonction de considérations affectives car ses émotions, ses sentiments lui font trop souvent faire des bêtises, mais en réfléchissant objectivement : qu'est-ce qui est bien pour lui, répond vraiment à ses besoins, ses désirs, ses attentes ?

Sa prochaine vie

C'est une *executive woman* (rarement un garçon), bien propre sur elle (look *clean*, hygiène de vie) et dans sa tête (idées en ordre) qui s'assume toute seule : elle va vers les autres, elle partage avec eux, mais elle ne les utilise pas comme des béquilles. Elle sait ce qui est bon pour elle : elle pose les limites entre l'acceptable et l'inacceptable, et ce qui est bon pour les autres : ils peuvent compter sur elle.

RAHU EN BALANCE ET KETU EN BÉLIER

10 octobre 1939 – 27 avril 1941, 21 mai 1958 – 8 décembre 1959, 30 décembre 1976 – 19 juillet 1978, 12 août 1995 –27 février 1997, 23 mars 2014 – 10 octobre 2015, 2 novembre 2032 – 21 mai 2034…

SA VIE ANTÉRIEURE

C'était un guerrier (pas toujours avec des causes justes), une virago (impulsive, agressive, multipliant les activités ou conduites à risque). Il se bagarrait pour tout et pour rien et il s'efforçait de dominer son entourage en utilisant souvent la menace et parfois la force. Bref, brouillon, brutal, limite *borderline*, ce n'était vraiment pas un cadeau, pas plus pour lui que pour les autres, d'ailleurs.

DANS CETTE VIE-LÀ…

Ses tentations : privilégier dans son existence des attitudes viriles (look garçon manqué, comportements grande gueule, maladroits, violents…) et des activités très « physiques » (sexe compulsif, sport extrêmes, métiers ultra compétitifs…) au détriment de sa féminité ou de sa masculinité. Résultat : il est incapable d'une vie de couple

à peu près normale (trop de rapports de force) ou de famille à peu près fonctionnelle (il n'a pas le temps de faire des enfants ou de s'en occuper correctement).
Ce qu'il doit faire: arrêter d'entrer en compétition avec les autres, de se mettre en colère pour un rien, apprendre à désamorcer les rapports de force, à éviter les conflits, et utiliser ses qualités: séduction, sensibilité, intuition, délicatesse, diplomatie, etc. Il doit apprendre aussi à jouer moins perso (genre « je n'ai besoin de personne ») et à soigner un peu plus ses relations, en se montrant plus compréhensif et conciliant, particulièrement dans ses amitiés et dans son couple.

Sa prochaine vie

C'est un séducteur. Son existence est placée sous le signe du plaisir (mondanités, luxe, distractions) et de l'amour (il cherche l'âme sœur, le mariage). Esthète, artiste, il fait beaucoup pour plaire, être aimé, apprécié. Il mène souvent une vie facile, insouciante, quoiqu'un peu instable: il est très mobile, changeant, un peu inconstant, girouette.

RAHU EN SCORPION ET KETU EN TAUREAU

22 mars 1938 – 9 octobre 1939, 1er novembre 1956 – 20 mai 1958, 13 juin 1975 – 29 décembre 1976, 22 janvier

1994 – 11 août 1995, 2 septembre 2012 – 22 mars 2014, 15 avril 2031 – 1er novembre 2032…

Sa vie antérieure

C'était une grosse bourgeoise (bonnes chairs et bonnes chères), attentive au plaisir (goût du confort, du décorum, du savoir-vivre, de la convivialité). Mais aussi quelqu'un de très possessif en amour et matériellement. Il avait tendance à s'encroûter dans ses habitudes, il avait du mal à se remettre en question (il était particulièrement entêté), à accepter les changements (il freinait des quatre fers).

Dans cette vie-là…

Ses tentations : tout centrer sur l'argent car il a des facilités pour en gagner et son bien-être matériel, en accumulant les choses, au détriment de tout le reste : amour, culture, spiritualité. Résultat : il devient un rat ou une grosse profiteuse (intéressée, égoïste), il est vaniteux (à cause de tout ce qu'il a), envieux (à cause de tout ce qu'il n'a pas) et il s'amollit physiquement et moralement.

Ce qu'il doit faire : arrêter les excès : nourriture, sexe, achats, et se mettre au régime : perdre ses kilos en trop, jeter ses vieilleries, vider ses placards et donner aux pauvres, etc. pour s'alléger. Ensuite, il doit cesser de ruminer son passé, ses souvenirs ou ses rancunes et prendre des initiatives (parler, bouger, créer) et des risques pour se remettre en question, faire du neuf, avancer au lieu de piétiner.

SA PROCHAINE VIE

C'est une sorcière. Rebouteuse, psychanalyste sexothérapeute, pornographe, call-girl, elle explore les mystères du sexe et de la mort et elle soigne les petits bobos du corps et de l'âme, contre espèces sonnantes et trébuchantes. Ses activités sentent un peu le souffre et il passe souvent à la télévision.

RAHU EN SAGITTAIRE ET KETU EN GÉMEAUX

2 septembre 1936 – 21 mars 1938, 14 avril 1955 – 31 octobre 1956, 23 novembre 1973 – 12 juin 1975, 5 juillet 1992 – 21 janvier 1994, 14 février 2011 – 1er septembre 2012, 26 septembre 2029 – 14 avril 2031…

SA VIE ANTÉRIEURE

C'était un petit voleur (plutôt un mec). Il vidait les bourses, il délestait les vieilles dames de leurs économies, il pillait les troncs dans les églises, les pièces dans les parcmètres. Ou il piquait les idées des autres, faisait des faux, des plagiats. Ou il trichait aux cartes, il truquait les balances (petit commerçant).

DANS CETTE VIE-LÀ...

Ses tentations: profiter de ses facilités de contact et de communication pour continuer à rouler les autres dans la farine par le mensonge, la triche, la fraude et la tromperie. Conséquences, une fois qu'il a épuisé son crédit confiance car on ne peut pas mentir à tout le monde tout le temps, il se retrouve tout seul, il passe son temps à fuir les copines et les amis qu'il a arnaqués, ses créanciers, son banquier, le fisc, la justice...

Ce qu'il doit faire: arrêter de bricoler, de se disperser, de se défiler, d'être opportuniste. Il doit prendre et assumer des responsabilités, se montrer capable d'engagement durable (travail, couple, famille), apprendre à capitaliser (amour, amitiés, relations, argent, etc.) et à se projeter dans l'avenir (stabilité, constance, fidélité).

SA PROCHAINE VIE

C'est un gros capitaliste (plus souvent un homme). Grand patron, gros marchand d'objet ou d'idées, il fait son beurre en mondialisant, en spéculant en bourse, en « fusionnant-acquérant », en dégraissant les effectifs avec bonne conscience, jusqu'à ce qu'il dépasse la ligne jaune et que des petits juges viennent lui chercher des poux dans ses comptes. On parle souvent de lui dans *Le Monde*.

RAHU EN CAPRICORNE ET KETU EN CANCER

13 février 1935 – 1er septembre 1936, 25 septembre 1953 – 13 avril 1955, 6 mai 1972 – 22 novembre 1973, 16 décembre 1990 – 4 juillet 1992, 28 juillet 2009 – 13 février 2011, 8 mars 2028 – 25 septembre 2029…

SA VIE ANTÉRIEURE

C'était une romancière (publiée, avec sa petite réputation). Elle écrivait des histoires d'amour (souvent du Barbara Cartland) dans une chaumière (chic et bien chauffée car elle était très frileuse) en embrassant les crapauds de son étang dans l'espoir de rencontrer un prince d'Hollywood qui adapte au cinéma son dernier roman.

DANS CETTE VIE-LÀ…

Ses tentations : s'enfermer sous sa couette parce qu'il a peur de la vie, des autres, de l'avenir, rêver de l'amour au lieu de le vivre, auquel cas il vire vieille fille ou vieux crouton, renoncer à un vrai travail, une vraie carrière parce que c'est trop difficile ou que ça demande trop d'efforts et se contenter de faire des confitures et des enfants.

Ce qu'il doit faire : rompre avec le passé, son enfance, couper le cordon, se projeter dans l'avenir, avoir des ambitions, se fixer des objectifs. Et lutter contre la paresse : plus c'est ardu, plus c'est bien pour lui. S'assumer tout seul, affectivement, matériellement et financièrement, sans compter sur les autres : conjoint, amis, famille.

Sa prochaine vie

C'est une philosophe (plus rarement un). Il écrit des ouvrages savants, il enseigne, Il est docteur *honoris causa* de nombreuses universités, il vit seul avec ses livres et un chat après un premier mariage malheureux et, sur le tard, vers quarante ans, il épouse (un mariage heureux) un présidentiable.

RAHU EN VERSEAU ET KETU EN LION

27 juillet 1933 – 12 février 1935, 7 mars 1952 – 24 septembre 1953, 17 octobre 1970 – 5 mai 1972, 29 mai 1989 – 15 décembre 1990, 8 janvier 2008 – 27 juillet 2009, 20 août 2026 – 7 mars 2028…

Sa vie antérieure

C'était un *sex symbol* (plus souvent un Jagger qu'une Madonna). Il mettait le feu, il vivait entouré de groupies et de gardes du corps, il avait l'argent, le sexe, la drogue (et les accusations de viol, les recherches en paternité, les MST, etc.). Bref, c'était la fête, il avait ses entrées partout chez les rockers et la reine d'Angleterre, les grands couturiers et les patrons d'Hollywood.

Dans cette vie-là...

Ses tentations : avoir un ego hypertrophié, continuer à regarder les gens de haut et réclamer constamment éloges et compliments alors qu'il n'a et/ou ne fait plus rien d'exceptionnel. Il en fait trop pour attirer l'attention : attitudes et tenues provocantes, ostentatoires, rires hystériques, voix agressive, discours de poissard, etc. et il crise émotionnellement (colère, rage, sanglots de veau) chaque fois qu'il n'est pas le *number one*.
Ce qu'il doit faire : arrêter de jouer un rôle de star et/ou de victime, de chercher à vouloir être quelqu'un d'autre, par exemple en s'affamant, en abusant de la chirurgie esthétique, en se droguant et se contenter d'être lui-même avec ses défauts et ses qualités, en misant plus sur son intelligence et sa sensibilité que sur ses rondeurs ou son agressivité.

Sa prochaine vie

C'est une chienne (ou un chien) de garde. Il détient la vérité, la seule, l'unique, celle de sa communauté, de sa tribu, de sa religion, de sa secte, de son groupuscule ou juste de lui tout seul. Il fait la morale (sur les plateaux télés, dans les magazines) et il condamne au silence et/ou au bûcher tous ceux qui ont une autre opinion que la sienne.

RAHU EN POISSONS ET KETU EN VIERGE

7 janvier 1932 – 26 juillet 1933, 18 août 1950 – 6 mars 1952, 30 mars 1969 – 16 octobre 1970, 9 novembre 1987 –28 mai 1989, 21 juin 2006 – 7 janvier 2008, 30 janvier 2025 – 19 août 2026…

SA VIE ANTÉRIEURE

C'était un petit commerçant : herboriste, pharmacien, vendeuse de quatre-saisons, d'espaces publicitaires. C'était un pragmatique : priorité au concret, à l'efficacité, à l'ordre (une place pour chaque chose et chaque chose à sa place) ; un anxieux, un radin (un sou est un sou). Il jouait profil bas (le client est roi), il se faufilait partout et il était médiatique : il colportait aussi les informations et les ragots.

DANS CETTE VIE-LÀ…

Ses tentations : croire que ce qui marche pour les choses marche aussi pour les gens, les émotions, les sentiments, les passions. Il cherche à tout rationaliser, en étouffant désirs, sensibilité ou intuition et à expliquer d'une manière

logique. Persuadé d'avoir toujours raison, il ergote, critique et casse les pieds des autres pour qu'ils se plient à l'ordre, aux règles et à ses méthodes qu'il croit bonnes.
Ce qu'il doit faire : arrêter de pinailler, de se noyer dans les détails, de croire qu'il n'y a qu'une seule bonne manière de penser ou de faire. S'ouvrir à la diversité des autres, des idées, des projets, ne plus chercher à tout maîtriser, à tout contrôler. Et ne pas chercher à tout comprendre car cela exclut Dieu, l'amour, l'art, la littérature, etc., à tout rapporter à du même, du connu, mais se laisser surprendre par son imagination, ses rêves et ses fantasmes.

Sa prochaine vie

C'est une missionnaire. Il va porter la bonne parole (amour, paix et foi) dans tous les coins de la planète. Dévoué, il consacre son existence aux damnés de la Terre et de la société : religieuse dans les hôpitaux, les prisons, bénévole du Samu social, inspecteur de la Croix-Rouge, de l'UNESCO, de l'ONU, d'Amnesty International…

SI SON ANNIVERSAIRE TOMBE UN...

Dans certains zodiaques égyptiens, chaque jour de l'année est associé à une image symbolique. Le sens de ces images n'est pas évident au premier abord, il ne faut pas les prendre au premier degré. Il s'agit moins d'analyser que de s'en imprégner, d'y songer, de voir ce que l'image évoque pour soi et, en procédant par analogie ou association d'idées, d'en comprendre le sens profond. Chacune de ces images est néanmoins associée à un trait précis de caractère.

23 NOVEMBRE

Un grand serpent avec une tête de dragon...

Fanatique aujourd'hui d'une idée, d'une mode ou d'une méthode, il peut demain prendre le contre-pied. Normal. Il est heureusement plus stable dans ses relations de cœur. Ils sont nés ce jour-là : Emma Daumas (1983), Kelly Brooke (1979), Vincent Cassel (1966), Francis Cabrel (1953), Jean-Pierre Foucault (1947).

24 NOVEMBRE

Trois hommes sans tête, debout et immobiles...

Extrêmement susceptible, il a souvent tendance tout rapporter à lui. Il manque parfois de souplesse dans ses relations mais ses méthodes sont, en revanche, très efficaces : il obtient toujours des résultats.
Ils sont nés ce jour-là : Katherine Heigl (1978), Isabelle Renauld (1966), Sophie Daumier (1936), Alain Chabat (1958), Thierry Lhermitte (1952), Toulouse-Lautrec (1864).

25 NOVEMBRE

Un homme qui marche, une longue pique sur l'épaule…
Un caractère jovial, optimiste : son aplomb, sa sincérité sont souvent désarmants. Empressé, dynamique, il n'épargne jamais ses efforts pour que les choses aillent le mieux possible dans le meilleur des mondes.
Ils sont nés ce jour-là : Christina Applegate (1972), John Fitzgerald Kennedy Jr. (1960), Harlem Désir (1959), Joe DiMaggio (1914).

26 NOVEMBRE

Une femme qui porte un berceau sur son dos…
À cheval sur les principes, il n'aime pas que l'on s'en prenne à ses privilèges. Un peu conservateur dans ses idées, il est nettement plus libéral quand ça ne le touche pas directement. Ses activités sont généralement très stables.

Ils sont nés ce jour-là: Kristin Bauer (1973), Tina Turner (1939), Bruno Carette (1956), Jean-Pierre Darras (1927).

27 NOVEMBRE

Un bœuf à trois cornes…

Attaché à son confort, son standing, il rêve pourtant à de grandes évasions. Il a sans cesse mille projets, tous plus originaux les uns que les autres, et rarement le temps d'en réaliser un jusqu'au bout. C'est l'intention qui compte.
Ils sont nés ce jour-là: Rachida Dati (1965), Robin Givens (1964), Philippe Delerm (1950), Jimi Hendrix (1942), Bruce Lee (1940).

28 NOVEMBRE

Une femme debout qui attend…

Une personnalité compréhensive, indulgente au quotidien. Mais gare. Il ne faut jamais le tromper ou lui mentir. Il peut piquer de ces colères! Redoutable quand on l'attaque, il peut se montrer très dur.
Ils sont nés ce jour-là: Anna Nicole Smith (1967), Laura Antonelli (1941), Ed Harris (1950), Michel Berger (1947), Pierre Joxe (1934).

29 NOVEMBRE

Deux hommes qui jouent aux dés sur une table…

Indépendance et dynamisme : on peut l'accuser de tout sauf d'être passif devant les événements. Particulièrement entreprenant, il a souvent tendance à s'occuper de tout et de tout le monde.
Ils sont nés ce jour-là : Gena Lee Nolin (1971), Charlotte Valandrey (1968), Tonie Marshall (1951), Jacques Chirac (1932), Monseigneur Lefebvre (1905).

30 NOVEMBRE

Des flammes qui s'élèvent d'un grand bûcher…

Pourtant prudent dans ses initiatives, prévoyant dans ses relations, il incline parfois vers le déraisonnable. Ses doutes prennent parfois le dessus, perturbant ses activités.
Ils sont nés ce jour-là : Elisha Cuthbert (1982), Annette Messager (1943), Laurent Jalabert (1968), Ben Stiller (1965), Winston Churchill (1874).

1ER DÉCEMBRE

Un grand tas d'or, d'argent et de plomb…

Un enthousiasme, un entrain qui produisent dans son entourage une atmosphère de confiance, un climat stimulant. Conscient de ses droits, il ne l'est pas moins de ses devoirs et il respecte toujours ses engagements.
Ils sont nés ce jour-là : Sophie Guillemin (1977), Claire Chazal (1956), Cyrielle Clair (1955), Édouard Baer (1966),

Antoine de Caunes (1953), Alain Bashung (1947), Pierre Arditi (1944), Woody Allen (1935).

2 DÉCEMBRE

Un singe à califourchon sur un loup…

Indépendant, il n'aime pourtant pas faire cavalier seul. Les projets à plusieurs ou le travail d'équipe le stimulent. Son enthousiasme est très communicatif, très mobilisateur. Il est souvent le premier à donner l'exemple.

Ils sont nés ce jour-là : Britney Spears (1981), Lucy Liu (1968), Maria Callas (1923), Michaël Youn (1973), David Pujadas (1964), Léon Schwartzenberg (1923).

3 DÉCEMBRE

Un homme debout sur un tronc…

Décidé et véhément, il s'emporte rapidement. Ses paroles sont franches et révèlent très souvent ses intentions. Ses actes sont vifs et démontrent parfois son innocence. Il est généralement très pressé et hyper occupé.

Ils sont nés ce jour-là : Katarina Witt (1965), Julianne Moore (1961), Daryl Hannah (1960), Sébastien Roch (1972), Christian Karembeu (1970), Charles VI (1368).

4 DÉCEMBRE

Un homme debout, les mains liées derrière le dos…

Il dissimule ses propres contradictions. Esprit d'à-propos, sens de la répartie, don de l'improvisation, il est grand tacticien et médiocre stratège, mais il s'adapte à toutes les situations.
Ils sont nés ce jour-là: Tyra Banks (1973), Alexandra Bronkers (1969), Jeff Bridges (1949), Marcel Cerdan (1932), Gérard Philipe (1922).

5 DÉCEMBRE

Un homme tenant dans ses mains un livre ouvert…
Il accorde un soin particulier à ses problèmes d'environnement. Il a besoin de contrôler ce qui se passe autour de lui, d'être sans cesse informé des dernières modes, des futures innovations.
Ils sont nés ce jour-là: Patricia Kaas (1966), Annie Pujol (1961), Jacques Dessange (1925), Walt Disney (1901).

6 DÉCEMBRE

Un homme à cheval qui se cramponne à l'encolure…
Il est prêt à tout, ou presque, pour sauvegarder son indépendance, sa liberté de mouvement et d'initiative. Ses relations sont généralement fondées sur l'estime, le respect mutuel. Il honore toujours ses engagements.

Ils sont nés ce jour-là : Claude Chirac (1962), Stéphane Guillon (1963), Guy Drut (1950), Philippe Bouvard (1929), Dave Brubeck (1920).

7 DÉCEMBRE

Un char vide...

Il a le chic pour être au bon endroit au bon moment. Les circonstances jouent souvent en sa faveur. Mais il sait aussi les provoquer. Il n'est jamais passif devant les événements.

Ils sont nés ce jour-là : Ellen Burstyn (1932), Aaron Carter (1987), Tom Waits (1949), David Carradine (1945).

8 DÉCEMBRE

Un homme décrépi, appuyé sur un bâton...

Sa spontanéité et son enthousiasme sont très communicatifs. Il a l'art de mobiliser les énergies et les bonnes volontés autour de lui, derrière lui. Ses initiatives, ses réactions sont toujours très positives.

Ils sont nés ce jour-là : Sinead O'Connor (1967), Kim Basinger (1953), Camille Claudel (1864), Sébastien Chabal (1977), Francis Huster (1947), Gérard Holtz (1946), Georges Meliès (1861).

9 DÉCEMBRE

Un homme qui tient d'une main un oiseau par la queue, dans l'autre une torche...

Des préoccupations très constructives, des relations très positives. Ses activités ont généralement des répercussions profondes sur les événements, des effets durables sur son proche environnement et dans son entourage.

Ils sont nés ce jour-là: Anna Gavalda (1970), Elisabeth Schwarzkopf (1915), Bixente Lizarazu (1969), John Malkovich (1954), Kirk Douglas (1916).

10 DÉCEMBRE

Une maison entourée de torches brûlantes...

Un caractère entreprenant et prudent la fois. Ses initiatives sont toujours très réfléchies. Ses activités, ses relations sont généralement très stables, sans surprise.

Ils sont nés ce jour-là: Dorothy Lamour (1914), Françoiz Breut (1969), Kenneth Branagh (1960), Olivier Messiaen (1908).

11 DÉCEMBRE

Trois personnages qui se promènent bras dessus dessous...

Une personnalité très optimiste. Il aborde chaque situation, chaque problème avec bonne volonté. Il imagine

sans cesse toutes sortes de moyens pour résoudre les difficultés ou améliorer son sort et celui de ses proches.
Ils sont nés ce jour-là : Rita Moreno (1931), John Kerry (1943), Enrico Macias (1938), Jean Marais (1913), Hector Berlioz (1803).

12 DÉCEMBRE

Un mage avec une tiare sur le front qui tient un sceptre…
Inconscients ou délibérés, tous ses actes tendent à imposer sa volonté. Il n'aime pas beaucoup être contesté dans ses décisions. Il veut toujours conserver le contrôle dans ses activités, l'initiative dans ses relations.
Ils sont nés ce jour-là : Jennifer Connelly (1970), Yolande Folliot (1952), Dionne Warwick (1941), Manu Dibango (1933), Frank Sinatra (1915), Gustave Flaubert (1821).

13 DÉCEMBRE

Deux hommes qui se percent l'un l'autre de leur glaive…
Il a le sens des responsabilités. Ses conceptions sont parfois très moralistes, ses idées très conservatrices, mais il fait des efforts de compréhension dans ses relations quotidiennes.
Ils sont nés ce jour là : Patty Schnyder (1978), Rama Yade (1976), Catherine Tasca (1941), Geneviève Page (1927),

Steve Buscemi (1957), Jean-Marie Messier (1956), Sully (1560).

14 DÉCEMBRE

Deux femmes qui se poignardent l'une l'autre…

Une forme d'intelligence très ordonnée; sa démarche est méthodique. Il a l'intuition du temps, la conscience profonde de devenir des choses. Ses activités sont généralement très bien organisées, productives.

Ils sont nés ce jour là: Cendrine Dominguez (1962), Jane Birkin (1946), Pierre Albaladejo (1933), Henri IV (1553), Nostradamus (1503).

15 DÉCEMBRE

Un homme qui se perce le cœur avec un poignard…

Une curiosité intellectuelle très intense. Son esprit est sans cesse sollicité, préoccupé par toutes sortes de problèmes. Ses analyses sont précises, son jugement très sûr et ses critiques souvent pertinentes.

Ils sont nés ce jour là: Elodie Gossuin (1980), Surya Bonaly (1973), Don Johnson (1948), Jeff Chandler (1918), Gustave Eiffel (1832).

16 DÉCEMBRE

Un homme debout, le corps penché…

Une intelligence pénétrante: ses opinions, ses idées le démarquent parfois très nettement de son entourage. Mais sa gentillesse, son amabilité sont très appréciées. Ses relations sont souvent stables et, dans l'ensemble, assez heureuses.
Ils sont nés ce jour là: Maruschka Detmers (1962), Liane Foly (1962), Catherine Jacob (1956), Philipp K. Dick (1928), Pierre Delanoë (1918), Vassili Kandinsky (1866).

17 DÉCEMBRE

Un homme qui joue avec des baguettes de bois…
Beaucoup d'intuition, de sens des opportunités. Les autres attribuent souvent ses succès la chance. Mais la chance, il a l'habitude de la provoquer. Ne manquant pas non plus de sens pratique, il parvient (presque) toujours ses fins.
Ils sont nés ce jour là: Milla Jovovich (1975), Arnaud Clément (1977), Jean-Claude Drouot (1938), Ludwig Van Beethoven (1770).

18 DÉCEMBRE

Un homme pendu par les mains…
Il a parfois tendance à se noyer dans un verre d'eau. Le pourquoi des choses l'intéresse souvent beaucoup plus que le comment, ce qui fait qu'il tourne parfois un peu en rond.

Ils sont nés ce jour là : Christina Aguilera (1980), Mazarine Pingeot (1974), Catherine Ringer (1957), Brad Pitt (1963), Laurent Voulzy (1948), Steven Spielberg (1946), Raimu (1883).

19 DÉCEMBRE

Un homme assis sur un chameau…

Très perméable aux ambiances, aux atmosphères et aux climats, son appréciation des choses et des situations est d'abord liée à son vécu. Il n'a pas une conscience précise de ses responsabilités et, parfois, tendance à se sous-estimer.
Ils sont nés ce jour là : Alyssa Milano (1972), Béatrice Dalle (1964), Jennifer Beals (1963), Edith Piaf (1915), Karim Benzema (1987), (1960), Maître Capello (1932).

20 DÉCEMBRE

Deux femmes qui se disputent…

Plus contemplatif que réellement actif, il a souvent tendance à sacrifier ses projets à sa tranquillité d'esprit. Ses activités, ses relations, sont très variées et parfois instables. Il se remet souvent (parfois trop) en question.
Ils sont nés ce jour là : Nadia Farès (1973), Hélène Rollès (1966), Gigliola Cinquetti (1947), Uri Geller (1946), Ernest-Antoine Seillière (1937).

21 DÉCEMBRE

Un homme sautant d'un lit à un autre...

Une intelligence très intuitive des propos directs: sa sincérité est souvent désarmante. Efficace aussi: il arrive presque toujours à obtenir ce dont il a besoin ou ce qu'il en fournissant un minimum d'effort.

Ils sont ce jour là: Julie Delpy (1969), Corinne Touzet (1959), Jane Fonda (1937), Samuel L. Jackson (1948), C. Jérôme (1946), Frank Zappa (1940), Racine (1639).

LE PLUS DE SON ASCENDANT

Le signe anniversaire, c'est la représentation qu'on se fait du monde, une façon de voir. Le signe ascendant®, c'est en revanche le monde tel qu'on l'éprouve, une façon de ressentir. Chaque ascendant nuance le Sagittaire d'une manière particulière...

SAGITTAIRE ASCENDANT BÉLIER

Un caractère très enjoué et optimiste, bienveillant aussi. Il dort mal s'il n'a pas accompli sa bonne action quotidienne. Il est enthousiaste, empressé, heureux si les circonstances lui offrent de petites causes à défendre, de grands exploits à réaliser. Individualiste farouche, plus ou moins rebelle à toute contrainte, il sait néanmoins se montrer diplomate quand cela est nécessaire.

SAGITTAIRE ASCENDANT TAUREAU

Quelqu'un de très conventionnel. Mais le conformisme de ses attitudes et la stabilité de ses comportements dissimulent souvent une nature assez voluptueuse. C'est plutôt un bon vivant, mais aussi un grand possessif, jaloux de ses prérogatives. Il oublie vite sa bienveillance naturelle dès que quelqu'un s'en prend, volontairement ou non, à ses privilèges.

SAGITTAIRE ASCENDANT GÉMEAUX

Une personnalité tout en contraste. Il peut se montrer tour à tour insolent et conformiste, amoral et donneur de leçons. Ses actes démentant souvent ses propos, il peut aussi bien en toute sincérité jouer double jeu. Il met beaucoup de bonne volonté dans tout ce qu'il fait, mais une certaine hypocrisie avec lui-même nuit parfois à ses relations et à ses activités.

SAGITTAIRE ASCENDANT CANCER

Un désir d'évasion. Il rêve d'écoles buissonnières, de grandes aventures et de pays lointains. Il caresse souvent mille projets tous plus originaux les uns que les autres, mais au dernier moment il regrette la douceur de son logis. Au fond, il est trop respectueux des traditions familiales, des conventions sociales et trop attaché à son confort, à son standing, pour larguer les amarres.

SAGITTAIRE ASCENDANT LION

Un ego un peu mégalo. La grenouille qui voulait grossir pour devenir un bœuf, vous vous souvenez? C'est un peu lui. Conscient de sa valeur, de ses possibilités, il fond sous la flatterie, mais il s'indigne aussi et explose d'un « je ne vous permets pas de » quand il a l'impression que ses proches ne le traitent pas avec les immenses égards qui lui sont dus. La seule chose qui le sauve: il a le cœur sur la main.

SAGITTAIRE ASCENDANT VIERGE

Un surcroît de pragmatisme. Profondément honnête intellectuellement et moralement, il peut se montrer compréhensif et indulgent, mais en même temps il ne supporte pas l'injustice. D'un naturel très entreprenant, il a souvent de grands projets, mais ses rêves sont cependant bridés par son caractère très cartésien.

SAGITTAIRE ASCENDANT BALANCE

Une personnalité très « RP ». Toujours un sourire exquis, un mot aimable ou une attention bienveillante, il est particulièrement sociable. Il sait mettre les autres à l'aise, il est prévenant avec ses proches. Généralement d'humeur enjouée, une injustice peut le faire sortir de ses gonds.

SAGITTAIRE ASCENDANT SCORPION

Un caractère encore plus indépendant. Il peut être parfaitement sociable, mais d'une nature combative, il a de fréquentes sautes d'humeur. Et ses têtes : si quelqu'un n'en fait pas partie, un regard, une réflexion ironique et il disparaît très vite de son monde. Il manie l'indifférence et le cynisme avec art.

SAGITTAIRE ASCENDANT SAGITTAIRE

Un surcroît d'énergie et d'esprit d'entreprise. Son enthousiasme débordant le pousse à mener en même temps mille projets tous plus grandioses les uns que les autres. Mais son impatience lui fait parfois griller les étapes indispensables pour atteindre ses objectifs, donc le succès n'est pas toujours au rendez-vous.

SAGITTAIRE ASCENDANT CAPRICORNE

Un plus d'ambition. Il se présente parfois comme un artiste, mais il est, en réalité, plus « business ». Méthodique, organisé, il est à la fois prévoyant et persévérant. Moins enthousiaste, un peu plus intrigant, il peut donner parfois l'impression de ne penser qu'à lui, mais ce n'est pas vraiment le cas (en tout cas, pas toujours).

SAGITTAIRE ASCENDANT VERSEAU

Une personnalité très libérale. Il est toujours prêt à promouvoir la liberté d'expression, la participation, la tolérance. Mais il est aussi très farouchement attaché à son indépendance : il déteste qu'on lui dicte ses actes. Donc il est indulgent, bien sûr, mais seulement tant que personne ne touche à ses privilèges, qu'on respecte ses prérogatives.

SAGITTAIRE ASCENDANT POISSONS

Quelqu'un d'extrêmement bon. C'est un être de grands sentiments et, forcément, il se fait parfois de grandes illusions. Humanisme, douceur du caractère, tolérance des idées, son esprit et son cœur sont toujours ouverts et sa porte aussi. Il a de grands desseins qui restent souvent au stade de projet par manque de sens pratique.

LE JOURNAL DE SON CORPS

SA MORPHOLOGIE

Corps longiligne mais bien charpenté, poitrine et hanches fortes, membres musclés, charnus (particulièrement les cuisses). Postures, attitudes et gestes contraints ou, au contraire, laisser-aller. Prédominance du système musculaire, hépatique et biliaire : besoin de sport et de sexe réguliers sinon auto-intoxication. Caractère : schyzothyme (sensibilité vive assez superficielle, besoin de contact, d'échanges).

SON ALIMENTATION

Plutôt carnée (viandes rouges, gibiers), calorique (sauces, crème fraîche, fromages gras…), carencée en fibres (légumes cuits, céréales complètes…) et trop de boissons alcoolisées (vin, alcool fort…).

SA LIGNE

À entretenir en privilégiant la vie au grand air (ne pas rester enfermé à l'heure du déjeuner, partir aussi souvent que possible à la campagne…) et les activités physiques (sports, loisirs d'extérieur) au détriment des prises de tête.

SES RISQUES KILOS

Le Sagittaire fait du gras spécialement quand il vit en milieu urbain (pollution, climatisation, déjeuners au restaurant) et en cas de manque d'activités physiques régulières (phénomène d'auto-intoxication). Zones à risque : plutôt sous le nombril, ventre, hanches, fesses et particulièrement les cuisses, mais embonpoint global.

COMMENT LE METTRE AU RÉGIME ?

Réduire les protéines (moins de viande, plus de céréales complètes pour le sentiment de satiété), supprimer les graisses (privilégier la cuisson au four et au court-bouillon, cuisiner sans beurre, ni huile, ni margarine), les féculents gras (pas de frites ni de chips), manger plus de légumes (tous sauf choux, choux-fleurs, choux de Bruxelles, carottes, haricots verts et tomates, trop chargés en sucres) et supprimer le vin, la bière et les alcools forts.

SA POTION MAGIQUE

Le bouleau pour ses propriétés cholérétiques (il augmente la sécrétion de la bile), dépurative (il débarrasse l'organisme de ses toxines), diurétique (il chasse l'eau des cellules) et purgative (il favorise l'élimination des déchets).

SES BOBOS

De A à Z, tous les principaux bobos du signe et les bons réflexes forme.

CLAUSTROPHOBIE

Bâti pour les grands espaces, très indépendant, le Sagittaire se sent vite coincé dans un petit deux pièces ou un petit couple. D'où souvent, une impression d'étouffement, de « boule dans la gorge ».

Les bons réflexes :

- De la natation pour se déstresser et augmenter ses capacités pulmonaires.
- Manger des pommes. Placés dans un espace confiné et soumis à différentes odeurs, la plupart des patients du Dr Alan Hirsch, spécialiste américain de la claustrophobie, ont en effet déclaré que l'odeur même de la pomme leur donnait l'impression d'évoluer dans un espace plus grand.
- Prier. Une récente étude américaine, portant sur quatre mille habitants de Caroline du Sud âgés de soixante-quatre à cent un ans, montre que la prière réduit l'anxiété. Ceux qui se rendent une fois par semaine à l'église (ou au temple, à la synagogue…)

ont 28 % de moins de risques de mourir dans les six années suivantes que ceux qui n'y vont pas[4].

Crises d'asthme

Bronches faiblardes, tempérament souvent allergique, le Sagittaire fait parfois des crises d'asthme, particulièrement quand il est stressée ou en cas d'émotion violente.
Les bons réflexes :

- Respirer par le nez en cas d'exercice physique intense (sport, courir après le bus, grimper les escaliers…).
- Éviter les aliments déclencheurs : lait, œufs, noix, fruits de mer, pour les plus courants.
- Adopter des plantes vertes pour dépolluer son appartement ou son bureau. Certaines plantes (ficus, philodendron, aglaonéma, kentia, dracaena, dieffenbachia, aloe barbadensis, chamédorée…) absorbent de nombreux allergènes. Compter une plante pour dix mètres carrés de surface.

Embonpoint

Très gourmand, peu soucieux de diététique (c'est un bon vivant avec un sacré coup de fourchette), le Sagittaire s'empâte quand il est trop sédentaire (il stocke particulièrement sur les fesses et les cuisses).

4 Health Psychology, 19, 211–222, 2000.

Les bons réflexes :

- Boire du thé vert tous les jours : il augmente l'oxydation des graisses.
- Manger des sushis. Ne contenant que des acides gras polyinsaturés, comme l'huile d'olive et le soja, c'est l'aliment anti-poids par excellence. En plus, il transforme le mauvais cholestérol en bon.

Fesses en expansion

Bien pourvu de ce côté-là dès le départ, le Sagittaire a tendance à s'empâter avec l'âge (trop de bonnes bouffes, de confort, de sédentarité…).

Les bons réflexes :

- Ne plus prendre l'ascenseur mais grimper les escaliers à des rythmes différents, sur la pointe des pieds.
- Contracter régulièrement les muscles des fesses et des cuisses en cas de station assise ou debout prolongée.

Fractures

Très sportif, le Sagittaire a souvent tendance aussi à surestimer ses capacités, d'où de nombreuses chutes (de cheval, en ski…).

- Absorber 900 mg de calcium par jour pour entretenir son squelette. Ce qui représente un produit laitier à chaque repas (yaourt, part de fromage, verre de lait).
- S'exposer régulièrement au soleil pour la vitamine D qui favorise l'absorption du calcium.

Hyperactivité

Agité (du bocal), menant une vie souvent trépidante, le Sagittaire a fréquemment du mal à se calmer (bougeotte, difficultés d'endormissement, etc.).

Les bons réflexes :

- Diminuer son niveau d'anxiété en faisant du footing ou de la marche tous les jours (plus de quatre kilomètres).
- Manger léger le soir pour lutter contre le syndrome des jambes sans repos (envie irrésistible de bouger les jambes qui affecte 5 % de la population).
- Mettre des gants pour dormir. Kurt Kraeuchi et Anna Wirz-Justice, deux chronobiologistes suisses, ont calculé que le temps d'endormissement est directement lié à la dilatation des petits vaisseaux sanguins des mains et des pieds.

Lèvres gercées

Ultrasensible au temps froid et sec, il a souvent les lèvres qui se fendillent en hiver.

Les bons réflexes :

- Utiliser un baume contenant un écran solaire et renouveler après avoir mangé ou bu.
- Prendre un complexe multivitaminique (Alvityl). Les carences en vitamines du groupe B ou en fer augmentent la desquamation des lèvres.
- Humidifier l'air à la maison et au bureau pour prévenir le dessèchement.
- Ne pas se passer la langue sur les babines pour les mouiller : cela accroît la desquamation et risque de provoquer une dermite.
- Mettre du rouge à lèvres hydratant.

Mal des transports

Adepte du grand air et du plancher des vaches, le Sagittaire est souvent nauséeux dès que ça bouge trop (avion, voiture, bateau, montagnes russes…).

Les bons réflexes :

- Prendre deux gélules de poudre de gingembre.
- Porter un bracelet d'acupression (en vente dans les magasins d'équipement nautique et de voyage).
- Respirer de l'air frais : monter sur le pont en bateau, ouvrir les vitres en voiture, mettre en route la ventilation dans l'avion…

- Éviter de lire ou alors le nez sur le texte pour garder les yeux dans la même position.
- Rétablir l'équilibre de son système sensoriel en regardant un point fixe.

Panne de libido

Conformiste, coincé, le Sagittaire pense beaucoup au sexe mais ne passe pas à l'acte très souvent hors mariage. Et, en couple, il sublime (carrière, gastronomie, bonnes œuvres...).

Les bons réflexes :

- Manger maigre. Les graisses sont des ennemies de la libido (même quand on affiche un poids standard). Une étude de l'université de l'Utah montre, par exemple, qu'un milk-shake fait chuter de 30 % notre taux de testostérone (l'hormone du désir) quatre heures après son absorption.
- Se masser les seins (ou le bas ventre) en décrivant des cercles (une douzaine). Partir de l'extérieur, en descendant et remonter entre les seins. Puis, changez de sens : à nouveau une douzaine de fois, en partant cette fois de l'intérieur haut pour remonter par l'extérieur.

SON MODE D'EMPLOI

On a tous une tête, mais on ne s'en sert pas tous de la même manière. De là, des manières de penser, de communiquer et d'agir différentes.

SA FAÇON DE PENSER

Il voit les choses d'une manière globale et les comprend intuitivement, sans être obligé de les décortiquer, de rentrer dans les détails. Il se sert d'abord d'un mélange de raison et d'imagination pour résoudre les problèmes. On lui reproche souvent de voir trop grand, de tout généraliser sans tenir compte des cas particuliers et de positiver à l'excès, par exemple en minimisant les difficultés, en laissant pourrir les problèmes au lieu de les régler. Il est assez conformiste aussi : idées, normes sociales, politiques établies, etc., il est néanmoins capable de s'affranchir des conventions et de proposer des solutions originales, souvent en rapprochant des éléments apparemment sans rapport.

COMMENT LUI PARLER

Rester dans les grandes lignes. Avec un Sagittaire, on peut donner les grandes lignes d'ensemble et arriver très vite aux conclusions. Les détails (comme les explications point par point) le font déconnecter (il trouve cela trop ennuyeux).

Lui présenter les problèmes et les difficultés comme des opportunités. Faire valoir les nouvelles possibilités ; lui montrer les avantages futurs (il se projette facilement). Resituer toujours les faits dans une dynamique : qu'est-ce qu'ils signifient, qu'est-ce qu'ils laissent présager… Souligner l'originalité, la nouveauté, les potentialités.

Lui proposer des solutions créatives. Quand il a le choix entre une méthode nouvelle aux résultats incertains mais prometteurs et les procédures habituelles, il préfère presque toujours prendre le risque. Et il ne vous en veut pas si ça rate : il admet les hauts et les bas.

Ne pas l'embêter avec les contingences matérielles (c'est votre problème, pas le sien), mais se montrer ferme en cas d'impossibilité, pour l'empêcher de virer au « Yaka, Faukon » et de s'enferrer dans ses difficultés du moment.

SES ATOUTS DANS LA VIE

Il est fort pour jouer avec les idées et les théories, spéculer sur les possibilités.

Il a une bonne vue d'ensemble, mais il néglige souvent les détails, l'intendance.
Il est doué pour synthétiser des informations et en tirer une ligne directrice, fixer un cap.
Il est capable de s'extraire des contingences et de voir grand, loin.
Il excelle dans les stratégies et les projets à long terme.
Il sait faire marcher son imagination (créativité, innovation).
Il sait faire face à l'imprévu, prendre des risques, s'adapter aux changements.
Il résiste bien à l'échec.

SES FILIÈRES D'EXCELLENCE

La photographie, la musique, l'artisanat, le cinéma, l'urbanisme, la psychologie, le journalisme, le graphisme (presse, packaging, web, jeux vidéo, livres, etc.), la psychologie, la création (pub, scénarios, bijoux, vêtements, etc.)…

SES HOBBIES

La photo, le cinéma, le théâtre (acteur et spectateur), l'aérobic, la marche à pied, l'observation des oiseaux, les activités artistiques, l'artisanat, la bicyclette, les jeux vidéo, le ski, les puzzles, les mots croisés, la pêche sous-marine, le deltaplane, l'équitation, la musique, le shopping, l'urbanisme, les musées et monuments…

SA VIE SOCIALE

SES RAPPORTS AVEC LES AUTRES

Le Sagittaire sait au fond de lui de quoi il est réellement capable. Bien sûr il bluffe souvent avec les autres, il positive à l'excès, il exagère ses capacités, minimise les difficultés, mais en général il met un point d'honneur à tenir ses promesses, à respecter ses engagements. Isolé, il a tendance à s'engourdir intellectuellement; entouré, il est stimulé. Marchant à la sympathie et spontané, le Sagittaire se lie facilement, mais ses rapports avec les autres sont souvent un peu bancals. C'est vrai qu'il est plutôt agréable dans l'ensemble, mais il a aussi tendance à prendre les autres un peu de haut, par exemple en se montrant paternaliste ou condescendant. Et il se permet parfois des libertés ou des familiarités de langage qu'il n'est pas prêt à accorder. Il monte rapidement sur ses grands chevaux quand il ne se sent pas respecté. Autre inconvénient: être trop proche de lui, c'est devenir une sorte de meuble familier. On vit dans son cône d'ombre et il vous ignore. Partant du principe que tout va bien autour de lui, que tout son petit monde est *a priori* heureux, il est bien plus attentif aux gens qu'il connaît à peine qu'à ceux qu'il connaît trop.

SES DÉRAPAGES

Sous les bons auspices de Jupiter (autorité, bienveillance, optimisme), le Sagittaire déteste la violence haineuse, aveugle, refuse l'agressivité (pas le bon moyen pour régler les problèmes).

Ses pulsions agressives

Fortes et très démonstratives (en colère, il peut taper du pied, crier, pleurer de rage...). Mais il n'aime pas trop, ça le gène : il ne veut pas avoir l'air faible ou peu maître de lui-même. Donc colères rares, mais une agressivité sous forme de nervosité, d'irritabilité, de sarcasmes et de réflexions désagréables.

Comment il s'en défend

En occultant. Détestant se mettre en colère, il a un talent fou pour oublier tout ce qui est pénible. Quelque chose, quelqu'un le contrarie, hop, automatiquement il zappe et il n'y pense plus. Avantage : c'est cool. Inconvénient : il a tendance à laisser les situations s'envenimer ; il ne règle rien et ensuite, c'est pire.

Ce qui le déclenche

Plus souvent quand il s'agit des autres que de lui-même. La malhonnêteté, la cruauté, la tromperie et l'injustice lui sont insupportables. Quand les gens qu'il aime ou qu'il protège en font les frais, il pique une sainte colère. À titre personnel, la seule chose qui le déclenche, c'est quand il sent que sa liberté (on essaie de le contrôler, de le freiner) est menacée. Auquel cas, il pique une crise (rapide, violente) et règle le problème vite fait bien fait.

Ses risques

En prendre plein la figure au moment où il ne s'y attend pas par des gens (en général des proches) qu'il ne pensait pas être capable de tant d'agressivité. Par exemple, il croit que tout va bien dans son couple et, un jour, il découvre que son partenaire a une liaison depuis des mois et se fait jeter méchamment.

Comment doit-il gérer ?

En en faisant moins une affaire de principes (il monte facilement sur ses grands chevaux pour les faire respecter) qu'une question de sensibilité. Il doit apprendre à être plus attentif aux besoins, aux attentes et aux sentiments de ses proches au lieu de les ignorer parce qu'ils lui sont trop familiers. À éviter : ne pas laisser de « droit de réponse » à ceux qui ont excité sa colère (une sale manie chez lui). Même si sa colère est légitime, ils ont droit à un temps de parole pour exprimer leur point de vue.

L'INFLUENCE DE SON SIGNE CHINOIS

Le caractère du Sagittaire est nuancé selon son année de naissance. Les Chinois distinguent douze signes suivant les années: Rat (Zi), Bœuf (Chou), Tigre (Yin), Lièvre (Mao), Dragon (Chen), Serpent (Si), Cheval (Wu), Chèvre (Wei), Singe (Shen), Coq (You), Chien (Xu), Cochon (Hai). Mais chaque signe est aussi associé à un élément® (Feu®, Terre®, Métal, Eau®, Bois) qui lui donne des caractéristiques particulières.

COMMENT TROUVER SON SIGNE CHINOIS?

L'année chinoise est une année luni-solaire, elle commence et se termine toujours à des dates différentes.

ANNÉE	NOUVEL AN	ANIMAL	ÉLÉMENT
1940	8 février	Dragon	Métal
1941	27 janvier	Serpent	Métal
1942	15 février	Cheval	Eau
1943	5 février	Chèvre	Eau
1944	25 janvier	Singe	Bois

ANNÉE	NOUVEL AN	ANIMAL	ÉLÉMENT
1945	13 février	Coq	Bois
1946	2 février	Chien	Feu
1947	22 janvier	Cochon	Feu
1948	10 février	Rat	Terre
1949	29 janvier	Buffle	Terre
1950	17 février	Tigre	Métal
1951	6 février	Lièvre	Métal
1952	27 janvier	Dragon	Eau
1953	14 février	Serpent	Eau
1954	3 février	Cheval	Bois
1955	24 janvier	Chèvre	Bois
1956	12 février	Singe	Feu
1957	31 janvier	Coq	Feu
1958	18 février	Chien	Terre
1959	8 février	Cochon	Terre
1960	28 janvier	Rat	Métal
1961	15 février	Buffle	Métal
1962	5 février	Tigre	Eau
1963	25 janvier	Lièvre	Eau
1964	13 février	Dragon	Bois
1965	2 février	Serpent	Bois
1966	21 janvier	Cheval	Feu
1967	9 février	Chèvre	Feu
1968	30 janvier	Singe	Terre
1969	17 février	Coq	Terre
1970	6 février	Chien	Métal

ANNÉE	NOUVEL AN	ANIMAL	ÉLÉMENT
1971	27 janvier	Cochon	Métal
1972	15 février	Rat	Eau
1973	3 février	Buffle	Eau
1974	23 janvier	Tigre	Bois
1975	11 février	Lièvre	Bois
1976	31 janvier	Dragon	Feu
1977	18 février	Serpent	Feu
1978	7 février	Cheval	Terre
1979	28 janvier	Chèvre	Terre
1980	16 février	Singe	Métal
1981	5 février	Coq	Métal
1982	25 janvier	Chien	Eau
1983	13 février	Cochon	Eau
1984	2 février	Rat	Bois
1985	20 février	Buffle	Bois
1986	9 février	Tigre	Feu
1987	29 janvier	Lièvre	Feu
1988	17 février	Dragon	Terre
1989	6 février	Serpent	Terre
1990	27 janvier	Cheval	Métal
1991	15 février	Chèvre	Métal
1992	4 février	Singe	Eau
1993	23 janvier	Coq	Eau
1994	10 février	Chien	Bois
1995	31 janvier	Cochon	Bois
1996	19 février	Rat	Feu

ANNÉE	NOUVEL AN	ANIMAL	ÉLÉMENT
1997	7 février	Buffle	Feu
1998	28 janvier	Tigre	Terre
1999	16 février	Lièvre	Terre
2000	5 février	Dragon	Métal
2001	11 février	Serpent	Métal
2002	12 février	Cheval	Eau
2003	1er février	Chèvre	Eau
2004	22 janvier	Singe	Bois
2005	9 février	Coq	Bois
2006	29 janvier	Chien	Feu
2007	18 février	Cochon	Feu
2008	7 février	Rat	Terre
2009	26 janvier	Buffle	Terre
2010	14 février	Tigre	Métal
2011	3 février	Lièvre	Métal
2012	23 janvier	Dragon	Eau
2013	10 février	Serpent	Eau
2014	31 janvier	Cheval	Bois
2015	19 février	Chèvre	Bois
2016	8 février	Singe	Feu
2017	28 janvier	Coq	Feu
2018	16 février	Chien	Terre
2019	5 février	Cochon	Terre
2020	25 janvier	Rat	Métal
2021	12 février	Buffle	Métal
2022	1er février	Tigre	Eau

ANNÉE	NOUVEL AN	ANIMAL	ÉLÉMENT
2023	22 janvier	Lièvre	Eau
2024	10 février	Dragon	Bois
2025	29 janvier	Serpent	Bois
2026	17 février	Cheval	Feu
2027	6 février	Chèvre	Feu
2028	26 janvier	Singe	Terre
2029	13 février	Coq	Terre
2030	3 février	Chien	Métal

SES MOTS PLUS, SES MOTS MOINS, SES AFFINITÉS AVEC LES AUTRES SIGNES

Sagittaire/Rat

Ses mots + : charme, introversion (calme, réfléchi, discret), vivacité d'esprit, sens critique, minutie, pondération (de bon conseil), dévouement (en amour).

Ses mots - : extrême agressivité, dissimulation (renfermé, manipulateur), froideur (insensible, brutal), paresse, cupidité (intéressé, profiteur, mesquin).

Ses affinités avec les autres signes : il craque pour le Dragon (son amant idéal), le Singe (mais il risque d'aimer plus qu'il n'est aimé), le Bœuf (son meilleur soutien). Prudence avec le Chien (beaucoup trop dépendant pour quelqu'un comme lui) et le Cochon (qui pourrait lui briser le cœur).

À éviter : le Cheval (qui le déteste) et le Lièvre (beaucoup trop casanier pour lui).

Sagittaire/Buffle

Ses mots + : équilibre, ténacité (patient, persévérant), énergie (extrêmement actif, diligent), indépendance (autonome, appréciant la solitude), sincérité (chaleureux), fidélité (en amitié).

Ses mots - : psychorigidité (obstiné, entêté, mauvais perdant), suffisance (vaniteux, très sensible à la flatterie, ne supportant pas l'échec), intolérance (rancunier, tatillon en amour).

Ses affinités avec les autres signes : un bonheur parfait avec le Coq (son partenaire idéal), le Serpent (très bonne entente amoureuse) ou le Rat (s'il est vraiment amoureux). Prudence avec la Chèvre (très capricieuse, elle risque de le lâcher) ou le Tigre (très instable, il pourrait le décevoir). À éviter : le Singe (très séduisant, mais trop peu loyal à son goût), le Cheval (beaucoup trop égoïste pour lui).

Sagittaire/Tigre

Ses mots + : courage (plein d'assurance, aimant se mettre en avant), indépendance (meneur d'homme), ouverture (intelligent, large d'esprit, tolérant), générosité (surtout en amour).

Ses mots -: individualisme (indiscipliné, rebelle), mauvais caractère (intransigeant, querelleur), irréflexion (imprudent, tête brûlée), mauvaise foi (hypocrite, menteur).
Ses affinités avec les autres signes: les plus bénéfiques pour lui: le Cheval (son partenaire idéal) ou le Chien (son plus dévoué), voire le Dragon (mais liaison souvent orageuse). Prudence avec le Singe (trop malin pour lui, risque d'infidélité) et le Lièvre (bien trop timoré à son goût). À éviter: le Serpent (conflits d'amour-propre) et le Buffle (trop étouffant pour lui).

SAGITTAIRE/LIÈVRE

Ses mots + : douceur (vertueux, discret, prudent), sensibilité (intuitif, créatif, plein de tact), sociabilité (charmeur, affable).
Ses mots -: égoïsme (peu fidèle, pas très famille), ostentation (mondain, pédant, dépensier), faiblesse (hésitant, frileux).
Ses affinités avec les autres signes: bonheur complet avec la Chèvre (son partenaire idéal), le Chien (une âme tendre comme lui) ou le Cochon (très bonne influence sur son moral). Prudence avec le Coq (trop inconstant pour lui) ou le Rat (particulièrement insatisfait). À éviter: le Dragon (trop dominateur, tyrannique pour lui) et le Tigre (le rend chèvre).

Sagittaire/Dragon

Ses mots + : vitalité (décidé, battant, enthousiaste), réussite (chanceux), intelligence (lucide, très doué, perspicace), spontanéité (franc, généreux).

Ses mots -: égotisme (exigeant, insatisfait, manquant de tact), impulsivité (trop pressé, irritable, brusque), orgueil (trop carré, catégorique, intolérant).

Ses affinités avec les autres signes: le tiercé gagnant: le Rat (son plus grand fan), le Singe (un amant mais aussi un ami) ou le Coq (il reste leader dans son couple). Prudence, en revanche, avec le Serpent (très attirant, mais pas nécessairement fiable). À éviter: le Chien (sape sa confiance en lui-même), le Tigre (lui fait faire des bêtises) et le Lièvre (n'assure pas assez pour lui).

Sagittaire/Serpent

Ses mots + : sagesse (intelligent, très moral), raison (lucide, très réfléchi), pragmatisme (organisé, efficace), simplicité (pas snob, bien élevé, ayant très bon goût).

Ses mots -: pensée unique (incapable d'écouter, intolérant, têtu), paranoïa (hyper susceptible, possessif, jaloux), agressivité (hyper critique, vindicatif).

Ses affinités avec les autres signes: idéal: le Coq (très mouvementé mais il le rend heureux) ou le Buffle (plus calme, il l'équilibre). Prudence, en revanche, avec le Dragon (fascinant, mais risqué). À éviter: le Tigre (relations très passionnées mais très orageuses), le Cochon (trop de complications) ou un autre Serpent (insupportable).

SAGITTAIRE/CHEVAL

Ses mots + : séduction (charmeur, élégant, romantique), dynamisme (enthousiaste, passionné), mobilité (aimant les voyages, les changements, les mondanités).
Ses mots -: instabilité (impatient, soupe au lait), superficialité (trop bavard, vantard, versatile), égoïsme (opportuniste, intéressé).
Ses affinités avec les autres signes: ses deux partenaires de prédilection: la Chèvre (plus amusant) et le Tigre (plus excitant). Risque de chamailleries avec le Chien (mais bon compagnon en général). Prudence avec le Coq (de bonnes mais aussi de mauvaises surprises). À éviter: le Rat (attirance mutuelle mais de nombreux conflits), le Singe (trop rusé et tortueux pour lui), le Buffle (trop dominateur et possessif) ou un autre Cheval (nombreuses ruades).

SAGITTAIRE/CHÈVRE

Ses mots + : art (beaucoup de goût, de sens artistique), convivialité (doux, aimable, réceptif, intuitif), harmonie (nuancé, conciliant).

Ses mots -: perfectionnisme (maniaque, insatisfait), immaturité (dépendant, capricieux, irresponsable).
Ses affinités avec les autres signes: le partenaire idéal: le Cochon (très attentionné et protecteur) ou le Cheval (son meilleur soutien). Plus incertain: le Lièvre, même si cela peut faire de belles histoires d'amour. Prudence avec le Rat (même pour une nuit) et le Singe (risques d'infidélités). À éviter: le Buffle (ne supporte pas ses caprices) et le Chien (très insécurisé par ses comportements).

Sagittaire/Singe

Ses mots + : fantaisie (spirituel, inventif, habile), intelligence (lucide, subtil, tacticien), vivacité (indépendant, actif, passionné).
Ses mots -: inconstance (remuant, infidèle), opportunisme (rusé, menteur, malhonnête), vanité (frimeur, mythomane).
Ses affinités avec les autres signes: prudence avec le Buffle (très possessif) et le Serpent (très soupçonneux), cela finit souvent mal. Plus de satisfaction, en revanche, avec le Dragon (le seul avec qui il peut durablement s'entendre) ou le Rat (c'est avec lui qu'il s'amuse le plus). À éviter: le Tigre (rapports très passionnés mais également très conflictuels) et le Cheval (beaucoup trop de problèmes avec sa jalousie).

SAGITTAIRE/COQ

Ses mots + : franchise (sincère, honnête), intelligence (vif d'esprit, curieux, d'une excellente mémoire), sociabilité (enjoué, amusant, brillant, attirant).

Ses mots - : paraître (vaniteux, commère, dépensier), instabilité (d'humeur changeante, versatile), inquiétude (hésitant, indécis, méfiant).

Ses affinités avec les autres signes : les plus bénéfiques pour lui : le Buffle (très stabilisant pour lui), le Serpent (plus stimulant) et, surtout, un Dragon (son partenaire idéal). Prudence, en revanche, avec le Rat (trop de frustrations de part et d'autre). À éviter : le Lièvre (ils n'ont rien en commun), le Chien (trop de divergences) ou un autre Coq (cohabitation très difficile).

SAGITTAIRE/CHIEN

Ses mots + : loyauté (très honnête, fidèle), convivialité (chaleureux, désintéressé, dévoué), dynamisme (battant, ambitieux, rapide).

Ses mots - : pessimisme (inquiet, timoré, angoissé), instabilité (changeant, versatile, frivole), narcissisme (intéressé, profiteur).

Ses affinités avec les autres signes : les bons signes pour lui : le Tigre (son compagnon idéal pour une vie au long cours) ou le Lièvre (son amant idéal). Bonheur assuré également avec le Cheval (très sécurisant pour lui). À éviter: le Dragon (ils ne viennent de la même planète), le Rat (beaucoup trop d'animosité naturelle) et la Chèvre (relations en dents de scie très épuisantes moralement et nerveusement).

SAGITTAIRE/COCHON

Ses mots + : honnêteté (direct, sans malice, désintéressé), bonté (obligeant, loyal, indulgent), indépendance (autonome, volontaire, obstiné).

Ses mots -: crédulité (naïf, désarmé), inertie (paresseux, capitulard), obsession (soupçonneux, jaloux).

Ses affinités avec les autres signes: ses partenaires d'élection: la Chèvre (son amant idéal pour une nuit et plus), le Lièvre (son compagnon d'une vie) ou le Tigre (même s'il a tendance à profiter un peu de son côté bonne pâte). Prudence, en revanche, avec le Dragon ou un autre Cochon. À éviter: le Serpent (beaucoup trop agressif pour sa sensibilité) et le Coq (trop instable à tous points de vue).

AMIS OU ENNEMIS?

Les couples qui doivent être privilégiés et ceux qui doivent être évités selon l'élément du signe.

Le Sagittaire « BOIS »
Sa passion: la colère
Son ami: « EAU »
Son ennemi: « MÉTAL »

Le Sagittaire « FEU »
Sa passion: la joie
Son ami: « BOIS »
Son ennemi: « EAU »

Le Sagittaire « TERRE »
Sa passion: la tranquillité
Son ami: « FEU »
Son ennemi: « BOIS »

Le Sagittaire « MÉTAL »
Sa passion: la tristesse
Son ami: « FEU »
Son ennemi: « TERRE »

Le Sagittaire « EAU »
Sa passion: la peur
Son ami: « MÉTAL »
Son ennemi: « TERRE »

LE SAGITTAIRE AU TRAVAIL

SES POINTS FORTS

La confiance (en lui-même et en l'avenir): il est stimulé par la compétition et les challenges. La fiabilité: il a le sens du devoir et de ses obligations (envers les autres, l'entreprise), il est réglo avec son patron et les gens qui travaillent avec lui. Le calme : il ne panique pas dans la tempête, en cas de crise ou de conflit.

SES POINTS FAIBLES

Le manque d'esprit pratique : il a des facilités pour jouer avec les idées, les théories, mais plus de mal pour le concret. Le côté « Yaka » : il lance des idées et après il laisse les autres se débrouiller avec l'intendance, les détails. L'excès d'optimisme : il pense trop souvent que les choses, les problèmes avec les gens, vont s'arranger tout seul.

SES FILIÈRES

Les métiers en relation avec la loi (magistrat, avocat, juge, juriste d'entreprise, huissier...), l'étranger (voyagiste, responsable de l'export, interprète-traducteur, reporter, steward ou hôtesse de l'air...), le business (publicitaire, responsable commercial, des expéditions, avocat d'affaire...), la politique (administrateur de mairie, au conseil régional, général...).

CE QU'IL LUI FAUT POUR BIEN TRAVAILLER

De l'espace et de l'air : dans un bureau étriqué et confiné, il a tendance à déprimer et à rêvasser à l'extérieur au lieu de travailler. De nombreuses étagères : il doit avoir les choses sous les yeux, sinon il les oublie.

CE QU'IL DOIT APPRENDRE

À faire simple (des solutions concrètes, immédiates) plutôt que compliqué (des options fumeuses, des résultats repoussés à la Saint-Glinglin). À travailler en équipe au lieu de faire cavalier seul (et « qui m'aime me suive »). À être un peu plus à l'écoute des autres pour régler les problèmes au lieu de faire l'autruche, car neuf fois sur dix, les choses s'aggravent et coûtent plus en temps et en énergie.

QUAND C'EST LUI LE CHEF…

Le patron Sagittaire : un « ambitieux ».

SES PLUS

Sa confiance en lui-même, dans les autres, en l'avenir. C'est un optimiste qui voit grand, stimulé par la compétition et les challenges. Il est aussi très réglo avec les gens qui travaillent avec lui.

SES MOINS

C'est un « Yaka » : il lance une idée, il ouvre un dossier et après vous devez vous débrouiller avec l'intendance, les détails. Il peut vous avoir au bluff aussi, vous faire des promesses qu'il n'a pas les moyens de tenir.

L'ASTUCE

Toujours lui montrer les avantages futurs (il se projette facilement). Vous voulez une grosse rallonge de salaire? Laissez tomber les « Je l'ai bien mérité ». Vos performances passées sont du passé. Essayez plutôt: « Je me défoncerai trois fois plus ».

CE QU'IL NE FAUT SURTOUT PAS FAIRE AVEC LUI

Attendre qu'il reconnaisse vos mérites. Si vous ne demandez rien, non seulement il ne vous donnera rien (sauf rares exceptions), mais il aura aussi une piètre estime de vous.

LUI ET L'ARGENT

Pour lui, l'argent n'est jamais vraiment un problème. Il a de grandes facilités pour en gagner. Il est optimiste, entreprenant et il sait prendre les bonnes initiatives. Il est toujours à l'affût d'une bonne affaire et il cherche sans cesse à améliorer sa situation. Et en plus, il a souvent de la chance et il fait en général de bons choix financiers que ce soit pour le travail ou en matière d'investissement. Il peut dépenser beaucoup, mais il n'en est pas moins raisonnable, il reste toujours dans son budget, il ne vit pas au-dessus de ses moyens. Et il n'a rien d'impulsif, il ne prend pas de décision à la va-vite (malgré une certaine impatience naturelle) quand il s'agit de gros achat ou d'investissement.

CE QU'IL DOIT FAIRE

Il est tellement optimiste qu'il pense que les choses ne peuvent que s'améliorer avec le temps. Mais parfois dans la vie, il y a des coups durs, des revers de fortune. Alors il doit se débrouiller pour avoir tout le temps devant lui les moyens de faire face si nécessaire.

LA FEMME SAGITTAIRE

ICÔNES

Milla Jovovich, Kim Basinger, Jamie Lee Curtis, Robin Given, Maruschka Detmers, Béatrice Dalle, Patricia Kaas, Jane Birkin, Jennifer Beals, Tina Turner, Jane Fonda…

SA SENSIBILITÉ

Extravertie : branchée aventures, découvertes, voyages...
Féminité : extravertie (attention excessive à soi, à son look, à sa réputation, besoin d'être la plus belle, la plus capable).
Désirs : boulimiques (consommation, sexualité, pouvoir, profits, expériences différentes, etc.).

Zone érogène : les cuisses
Couleur : violet
Métal : étain
Parfum : lavande
Aphrodisiaque : curcuma
Pierre : améthyste
Fleurs : dahlia, violette
Villes : Budapest, Madrid

SA BEAUTÉ

SA SILHOUETTE

Grande généralement (plus de 1,70 m), mais bien en chair, avec des hanches et des cuisses fortes, des fesses opulentes. Les épaules sont larges, souvent un peu tombantes, les membres longs et ronds avec les pieds et les mains charnues. Des cheveux châtains, bouclés et souples encadrent souvent un visage large et plein, avec un front haut et bombé, des sourcils bien arqués, de grands yeux, humides et riants ; le nez est fort, la bouche moyenne, les lèvres charnues et vermeilles. La peau est généralement blanche et le teint frais et coloré.

À NOTER

Les caractéristiques physiques d'un signe, la silhouette comme la morphologie et en général tout ce qui touche au corps, empruntent toujours beaucoup au signe ascendant, sont souvent un mélange.

SON POINT FORT

Les jambes. Elle est bien plantée (elle a du muscle, mais aussi du galbe et de la grâce) et elle bouge bien. L'essentiel pour elle, c'est d'ailleurs de savoir bouger : marcher, courir, danser, voyager.

SON POINT FAIBLE

Les fesses. Comme les Vénus hottentotes, elle accumule facilement du gras de ce côté-là quand elle fait des excès ou tout simplement avec l'âge.

SON « BEAUTY MYTH »

Dorothy Lamour (Mary Leta Dorothy Kaumeyer à la ville est née le 10 décembre 1914, à la Nouvelle-Orléans). Elle a souvent comme *The jungle princess* (un surnom qui lui vient du film du même nom) une beauté classique avec une touche d'exotisme. Comme elle qui incarnait d'aventures en aventures l'éternelle exploratrice, elle ne rêve que voyages et tissus tropicaux (la marque de fabrique de Dorothy devant la caméra).

SA FORME

SES BOBOS, SES MALADIES…

Bronches faiblardes, tempérament allergique, ultra sensible à la pollution (et à la climatisation), la Sagittaire a souvent des problèmes respiratoires ; elle fait parfois des crises d'asthme, particulièrement quand elle est stressée ou en cas d'émotion violente. Autre problème : même quand elle n'est pas en surpoids, elle a une nette tendance à accumuler de la cellulite, en particulier sur les cuisses et les fesses et a toujours beaucoup de mal à s'en débarrasser.

SA DIÉTÉTIQUE, HYGIÈNE DE VIE

Hyper gourmande, peu soucieuse de diététique (trop de plats en sauce, de crème fraîche, de fromage…), elle grossit beaucoup quand elle a un job sédentaire (elle stocke particulièrement sur les fesses et les cuisses). Elle doit se débrouiller pour bouger beaucoup en contrepartie et japoniser un peu plus son alimentation (plus de poissons, des quantités plus petites…).

SON ASTRO GYNÉCO

Ambivalente (tiraillée entre son besoin d'indépendance et son désir de couple), son principal problème gynéco, c'est le dérèglement menstruel (pas toujours, mais souvent). Ce qui pour les psys est fréquemment lié à une situation « conjugale » compliquée, avec plus de risques d'infidélités possible (de part et d'autre) et par conséquent de MST.

SES BIORYTHMES

Elle n'est pas de la nuit, mais du soir. C'est au moment où le soleil décline qu'elle se sent le plus en forme et qu'il lui prend des envies de bouger. Mais elle peut être parfois très matinale et se lever avant même le soleil.

SON PROFIL AMOUREUX

Petite, c'est souvent le type même du garçon manqué turbulent, débordant d'énergie, jouant au foot avec les gamins du village.

Indépendante mais pas rebelle pour un sou, elle respecte le pouvoir et l'autorité, et se plie de bonne grâce aux rites de sa communauté (famille, tribu...).

C'est ce qu'on appelle une bonne vivante avec risque de dérapages dans les excès (nourriture, boisson, sexe...). Sa franchise, associée parfois à certain manque de tact (elle ne voit pas le mal), l'amène souvent à gaffer (toutes les vérités ne sont pas bonnes à dire).

Directe dans ses rapports avec les autres, elle confond souvent l'amour, voire l'amitié, avec le désir (prend ses amants pour de bons copains et ses copains pour des amants possibles).

Pas bégueule, elle ne s'offusque pas d'un désir clairement exprimé (elle demande aussi sans détour). Si elle ne le sent pas, elle refuse tout simplement, et passe à la suite.

Mais, bien que bienveillante, elle est souvent perçue comme un peu hautaine, voire inaccessible, et susceptible de monter très vite sur ses grands chevaux.

Vivant sa sexualité comme une saine activité (un peu comme une activité sportive qui l'apaise), elle peut multiplier les expériences sans fausse honte, dans la bonne humeur.

SA PERSONNALITÉ

LA FEMME

Passionnée et indépendante à ce point-là, cela ne s'invente pas. Au fond, la femme Sagittaire est un être de foi : rien (en amour, socialement, etc.) ne lui semble *a priori* impossible. Elle a plus souvent tendance à sous-estimer les difficultés qu'à se dérober devant les obstacles ou à céder devant la complexité de situations. On peut l'accuser de tout sauf d'être passive devant les évènements. En toutes circonstances, elle donne l'impression de savoir ce qu'il convient de penser ou de faire. En pratique, les choses sont un peu plus compliquées. Ses réalisations sont rarement aussi vastes que ses projets initiaux ; son succès est souvent moins complet qu'elle ne l'avait imaginé. Elle a parfois tendance à surestimer ses propres possibilités ou à être entraînée plus loin que prévu.

LA MÈRE

Elle est programmée pour la maternité. C'est dans ses gènes (de solide reproductrice) et dans son éducation (on se marie et on fait des bébés). Croyant aux vertus du dialogue, de la communication, elle est assez conciliante avec ses enfants. Elle fait parfois de grosses crises d'autorité, mais la plupart du temps, elle préfère expliquer plutôt qu'imposer et faire preuve de patience en cas de problème. D'un côté, jouer les gardes-chiourmes, ce n'est pas vraiment son genre (elle est au-dessus de tout ça). De l'autre, elle fait confiance à la raison (triomphante). Bref, elle encourage ses enfants à prendre leurs propres responsabilités. Avec elle, ils peuvent parler : elle sait écouter et se faire écouter (quand elle a le temps). Mais elle a aussi parfois tendance à en faire un peu trop, à les traiter un peu trop vite en adultes.

L'AMANTE

Enthousiaste : elle vit ses sentiments et sa sexualité avec une sorte d'optimisme naturel (et bon enfant) qui repeint à chaque instant le monde aux couleurs chaudes de la passion. Elle joue aussi beaucoup sur les contrastes. Petite femme sage, elle mise sur les tenues provocantes, les attitudes un peu exhibitionnistes. Plus sexe, elle se dissimule au contraire derrière de grands yeux sages. Conquérante, elle imagine toutes les aventures, mais elle se méfie trop de ses propres réactions pour se laisser égarer par ses sens : passer à l'acte, c'est entrer dans des complications à n'en plus finir, alors souvent elle renonce. En réalité, elle a besoin des liens du mariage (elle est socialement très conformiste) pour donner libre cours à ses sentiments.

L'AMIE

Hyperactive, empressée, elle adore prendre les choses en main. Franche comme l'or, elle est sans détour dans ses sentiments, pas très psychologique et d'une honnêteté souvent désarmante. Joviale, généreuse, prodigue, elle sait rire, ses joies sont profondes, ses plaisirs entiers. Avec cet optimisme très communicatif, elle fait facilement l'unanimité autour d'elle et elle a des inconditionnels. Avec eux, elle peut se montrer très dévouée (jusqu'à l'abnégation), désintéressée (jusqu'au sacrifice), toujours prête à rendre service (sans qu'on ne lui demande rien). Revers de la médaille, elle est souvent un peu trop paternaliste : sous couvert de bienveillance, elle a tendance à vouloir imposer son autorité, sa domination.

SON MODÈLE : WONDER WOMAN

Bonne petite bourgeoise à la ville, dans le genre charmante et timide (comme beaucoup de Sagittaire en apparence), mais en fait, c'est une amazone venue d'une l'île paradisiaque pour combattre le mal. Wonder Woman, c'est la femme capable de se transformer grâce à une pirouette en femme puissante et agile, de s'émanciper de la condition féminine à l'ancienne (mariage, reproduction, travail et ménage) pour faire triompher le bien (la justice, la vérité, la loyauté) dans un monde pourri par les hommes (mais qui reste quand même hyper sexy).

SON DESTIN

Elle se contente de profiter de ses acquis (souvent une bonne éducation, des diplômes, un « riche » mariage, un bon job) sans se poser de questions. Mais à la longue elle s'épuise en essayant de jouer les *superwomen* (carrière, mariage, enfants) et/ou elle devient odieuse avec ses proches (inattentive, voire indifférente à leurs sentiments, leurs besoins et leurs attentes). Ou, comme Wonder Woman, elle sort le nez de son nombril et met son charisme et ses atouts en jeu pour faire du bien autour d'elle (en contribuant à une cause sociale, humanitaire, etc.).

LES HOMMES DE SA VIE

LE PREMIER

Enfant, la fille Sagittaire a souvent un comportement de garçon manqué. Vigoureuse, dynamique, elle préfère partager des jeux virils plutôt que des poupées. Les garçons l'aiment bien, elle est même une des rares femmes qu'ils supportent, parce qu'ils sont rassurés par son attitude copain de chambrée, dénuée de sous-entendus sexuels et de fausse pudeur. Mais quand elle prend conscience, vers quinze ou dix-sept ans de sa sexualité, tout change : elle n'a pas peur de « passer à la casserole », mais eux sont souvent intimidés par sa nature bouillonnante. Bref, elle a besoin d'un homme particulièrement déterminé et expérimenté. Et surtout qui, après, ne la piège pas dans son fantasme de devenir une femme convenable, et ne l'épouse pas. Le bon profil : un Bélier qui fonce sans se poser de questions ou un Capricorne qui a autre chose à faire que de l'épouser.

L'AMANT

Expansive, sa sexualité et son amour s'expriment dans la joie. Première exigence : que son amant partage son enthousiasme et regorge, comme elle, d'énergie sexuelle animale et innocente. Donc pas un faible (rat de bibliothèque, pervers...), mais pas non plus un homme des cavernes : il doit être sensible, courtois, prévenant. Et puis surtout qui ne la colle pas. Même amoureuse, sa liberté et son indépendance comptent par-dessus tout. Exemple : il doit être disponible quand elle a envie de sexe, mais il doit sentir quand elle n'a pas envie et ne pas tenter de rapprochement, encore moins d'insister en cas de refus de sa part. Forcément, un homme qui craint, comme elle, un peu ou beaucoup, l'intimité. Bons choix : un homme Balance, un Verseau ou un autre Sagittaire, qui privilégient aussi le « dehors » sur le « dedans ». Jouables aussi : un Lion ou un Poissons pour plus de romantisme.

L'AMI

Comme tout le reste de sa vie, l'amitié pour elle implique l'activité. Elle n'est pas seulement basée sur des affinités, une sensibilité, des goûts, des idées, communs : elle a besoin de pratiques communes : faire du sport ensemble, partir camper, aller à la messe. Et puis, elle suppose des préoccupations « mâles » : elle préfère parler politique, économique, culture, religions, etc. que bouts de chiffons. Et dialoguer grandes abstractions qu'analyser finement des ressorts psychologiques. Elle a plus envie de se demander s'il y a une vie après la mort qu'une suite à Secret Story. Bref, elle a besoin d'un homme un peu bourru comme elle, bon camarade, franc du collier, ni une commère ni un cynique. Le bon profil : un Scorpion, spécialiste des grandes remises en questions, un homme Vierge, bon moralisateur, ou un Taureau genre Marx ou Freud.

L'ÉPOUX

Elle est capable de séparer complètement l'amour de la sexualité. C'est parfait pour les aventures d'une nuit sans remords ni regrets, mais c'est plus embêtant dans le mariage. Inévitablement, son époux devient un ami. Donc extinction rapide du désir de son côté, déplacement sur d'autres hommes car elle reste une obsédée du sexe, et infidélité possible. Ce qui exclut un partenaire trop demandeur en matière de sexe en fréquence ou durée des rapports et trop possessif : il ne doit pas demander le divorce si elle donne un coup de canif au contrat. En revanche, il doit être lui-même très indépendant, ne pas avoir peur des séparations, ne pas accorder beaucoup d'importance à la vie domestique, ce n'est pas son truc, et la stimuler physiquement et intellectuellement : conversations, sorties culturelles, voyages... La perle : un Gémeaux qui, comme elle, ne s'attache pas par besoin de sécurité, tendresse ou protection.

CELUI QUI NE L'AURA JAMAIS

Elle est extravertie, expansive, toujours en mouvement. Elle a sans cesse besoin d'imprévu, de nouveaux visages et d'idées nouvelles, d'aventures et de défis. Elle déteste les mous, les lunatiques, les gens de mauvaise foi, les mélancoliques, les nombrilistes... Bref, il lui faut tout sauf un casanier, un homme trop sensible, ou un intimiste préoccupé par ses états d'âme, trop demandeur d'attention et de soins. Exclu donc le Cancer: elle n'est pas femme à être enfermée dans un harem, encore moins par un tyran domestique.

SON HOMME IDÉAL

- Un compagnon de route plus qu'un mari traditionnel, qui l'épaule, solidaire en toutes circonstances, et lui pardonne en cas de frasque conjugale.
- Indépendant. Elle l'est beaucoup elle-même, alors pas question d'avoir un type tout le temps dans les pattes ou qui ne comprend pas son besoin d'espace.
- Un optimiste. Pas question de se faire doucher l'enthousiasme par un broyeur de noir ou un défaitiste qui ne voit que les obstacles.
- Un type droit (honnête, loyal, direct...). Elle déteste les escrocs, les sinueux, les tordus.

- Un sportif (en vrai, pas devant la télé). Elle est très physique (nage, cheval, danse...), elle ne se voit pas vivre avec un cacochyme. De toute façon, il ne tiendrait pas sur la longueur dans son lit.
- Un conformiste. Il doit être socialement intégré, de préférence avec un bon standing, car elle a des goûts de luxe, et prévisible. Pas question qu'il décide du jour au lendemain d'aller faire de l'élevage de chèvre dans une cahute dans le Larzac ou de s'expatrier en Uruguay pour fuir les huissiers.
- Un aventurier. Pas très casanière, branchée étranger, elle est boulimique voyages : paysages, gens, mœurs, expériences différentes.
- Un homme qui n'est pas tout le temps dans la demande affective. Hors du lit, elle est plutôt distante et, même carrément indifférente parfois : elle ne voit pas les gens qui sont trop proches d'elle. Alors il doit pouvoir se débrouiller tout seul avec ses problèmes psy, ses angoisses ou ses états d'âme.

COMMENT RÉUSSIT-ELLE SA SEXUALITÉ ?

La femme Sagittaire a des pulsions sexuelles fortes, expansives et exhibitionnistes. Chez elle, il y a confusion de l'animalité (pour elle, le sexe, c'est naturel, instinctif) et du culturel (elle prend le désir pour de l'amour). Forcément, cela créé des illusions : elle croit être amoureuse (et croit qu'il l'est aussi) à chaque fois qu'un garçon la fait grimper en température.
Elle est très soucieuse de son corps, son intégrité (vie saine, soins), son emballage (bonne présentation) et de sa réputation personnelle (besoin d'être la plus belle, forte, intelligente, sexy…)

SON PROFIL PSYCHOSEXUEL

Ses rapports avec les hommes se passent plutôt sur le mode « vieux potes de toujours » (grandes bourrades dans le dos, plaisanteries lourdingues…) mais peuvent devenir violemment agressifs (si elle se pose en rivale).
Très impulsive (ses attractions physiques sont violentes), elle a souvent des difficultés à distinguer l'amour durable de l'engouement passager. Mais elle reste quand

même une sentimentale primaire (grande naïve, affamée d'amour...).
Passionnée, elle marche aux coups de foudre et elle a souvent du mal à ne pas céder (très vite) aux multiples tentations du plaisir.
La femme d'un seul homme? Sans doute, car elle est entière, mais à condition que cet homme sache la surprendre et la dominer. Alors seulement, elle lui rend volontiers les armes. Sinon elle épuise sa passion du monde, sa soif d'amour dans une succession d'aventures amoureuses. Chaque rencontre devenant la rencontre de sa vie.
Ses rapports avec les hommes sont plutôt bienveillants (confrontations désexualisées, pulsions agressives sublimées dans la camaraderie) ou dominateurs (indifférence et/ou exigences excessives, manque d'empathie, exploitation systématique).
Elle pense beaucoup au sexe mais elle cède peu à ses attirances physiques (trop bien élevée, trop « conformiste » pour ça). Impatiente, quand elle a envie, elle a tendance à précipiter les choses: chez elle, peu ou pas de fausse honte et d'inhibitions et une prédilection pour la performance sportive.

SA ZONE ÉROGÈNE

Les cuisses (particulièrement l'intérieur, près de l'aine, là où c'est le plus tendre). Le simple fait de faire du jogging ou de monter à cheval la met d'ailleurs souvent dans tous ses états. Alors, le reste!

SA ZONE « TABOU »

La taille. Chez elle, le rapport entre le haut (sentimental) et le bas (instinctif) n'est pas clair. Alors, elle n'aime trop qu'on l'attrape dans sa zone frontière.

SA SÉDUCTION

Un peu hautaine. Elle paraît souvent froide et indifférente (particulièrement quand on lui saute dessus sans mettre les formes), mais elle peut aussi se dégeler très vite (quand c'est elle qui chasse).

SA RELATION SEXUELLE IDÉALE

Quand ça bouge (train, avion, cheval, etc.) avec un *homo erectus* standard, ni néandertalien (elle ne supporte pas les grossiers) ni intello anémique (elle aime les costauds sains).

SON HOMME FANTASME

Un peu baroudeur, mais toujours propre sur lui (il prend le temps de se raser, il s'habille avant de passer à table en pleine jungle...) et surtout qui sache bouger, un homme d'action à la Brad Pitt plutôt qu'un pantouflard.

SES AMOURS AVEC LES AUTRES SIGNES

Plutôt bon genre au-dessus de la ceinture (Hermès de préférence), mais plus aventurière (de l'extrême sexe) en dessous. Résultat: elle pense beaucoup à la chose (limite obsédée), mais elle est trop bien élevée (la plupart du temps) pour laisser ses hormones faire la loi. Surtout que c'est chaque fois la même chose: passés les moments d'ardeur, elle a toujours plus intéressant à faire.

AVEC UN BÉLIER ****

Un partenaire à sa mesure, ou plutôt à sa démesure. Ils s'en donnent à corps joie, sans état d'âme, seulement pour le plaisir à l'état brut de sexe. Style très cavalier pour lui et amazone (érogène) pour elle.

AVEC UN TAUREAU **

Elle mène d'une poigne énergique leurs amours. Au début, il la trouve très tonique, il aime être bousculé dans ses habitudes (ses rites) sexuels. Ensuite, son côté grand air, ses désirs répétés, le fatiguent. Il retourne à des valeurs plus sûres, des amours plus paisibles.

AVEC UN GÉMEAUX *

Un sémillant et une impulsive, pas branchés sur la même fréquence sexuelle. Au mieux quelques (rapides) prouesses pour montrer que chacun est ce qui se fait de mieux sur le marché de l'Éros. Au pire, des étincelles pour faire illusion avant de se séparer mauvais amis.

AVEC UN CANCER *

Quand il la voit débarquer avec sa bonne humeur (paillarde), ses parties (fines), ses grands airs, il lui vient des mélancolies profondes. L'amour bodybuildé, le sexe shaker, ce n'est pas son genre. Il n'a pas vraiment le même sens de l'intimité et du plaisir.

AVEC UN LION ***

Il s'allume pour un regard d'elle, l'invitation est brûlante, il ne peut (ne veut) y résister. Flamboyance des désirs, élans, chacun y va de tous ses sens. Mais, tout à coup, il s'inquiète. Comment ? Elle ne perd pas la tête ?

AVEC UNE VIERGE ****

Peu de chances de se plaire, d'accorder les désirs, d'harmoniser les corps, les sensations, les émotions. Les atomes sexuels n'accrochent pas vraiment. Pourtant, parfois (c'est peut-être cette fois), le miracle se produit.

AVEC UNE BALANCE ***

La première fois, elle a pensé : « Peu importe le flacon pourvu qu'on ait l'ivresse ». Surprise ! Il l'initie à des plaisirs plus raffinés et elle lui insuffle d'étranges ardeurs. De là à ne plus se quitter d'une nuit…

AVEC UN SCORPION *

Ses allures de femme libérée, décomplexée, ne l'affolent pas. Il l'attend sur son terrain : le lit. Là, elle comprend qu'elle est tombée dans les bras d'un pince-sans-rire du sexe. Trop compliqué, trop tordu, pour elle.

AVEC UN SAGITTAIRE **

Le sexe tambour battant. Ils remuent (tous les deux) beaucoup d'air pour témoigner (exhiber) de leur passion. Souvent, ça vire à la performance, à l'exploit (sportif) : assez (très) fatiguant et pas très (assez) câlin.

AVEC UN CAPRICORNE **

Courage ou inconscience, elle va jouer les femmes tornades dans ses cavernes à désir. D'abord un peu étourdi, il se révèle vite joyeux coquin, complice (un moment) de toutes ses frasques. Puis s'en revient à des solitudes plus austères.

AVEC UN VERSEAU ****

C'est à qui sera le plus entreprenant, le plus provocant. Il met un point d'honneur à l'épater et l'entraîne dans des plaisirs (inavouables), des aventures inoubliables. Avec lui, elle explore (enfin) la quatrième dimension du sexe.

AVEC UN POISSONS **

Ses désirs qui tournent autour du pot, ses plaisirs sinueux, ses fantasmes pas nets, tout en lui luis donne envie de décamper. Elle rêve d'étreintes plus franches, d'amours plus énergiques. Mais, s'il a sa chance, qui sait? Elle pourrait être très étonnée.

SEXUALITÉS ALTERNATIVES

Chasteté (absence de rapports sexuels dans le célibat et/ou dans le couple)
A priori, ce n'est pas son truc. Elle aime trop faire l'amour, une bonne activité saine et sportive, pour ça. Mais abstinence possible par intermittence pendant ou après un mariage décevant par exemple.

Monogamie (relation ou vie de couple avec exclusivité sexuelle)
Oui, par principe, conformisme social ou convictions religieuse, mais pratiquement, elle est trop indépendante et trop chaude pour résister à toutes les tentations venues d'ailleurs.

Multi partenariat (célibat avec deux ou plusieurs relations sexuelles en simultané)
Souvent après un mariage précoce, mais plus pour l'exploration et l'hygiène sexuelle que pour des raisons sentimentales : elle a trop de mal à gérer deux passions en simultanée.

Union libre (relation ou vie de couple avec liberté sexuelle)
Des préjugés négatifs car elle est très conformiste, mais, de fait, son couple fonctionne souvent comme ça d'une manière tacite.

Triolisme (relations sexuelles à trois)
Une situation qui lui plaît, indifféremment avec un autre homme ou une autre femme. Cela stimule ses pulsions exhibitionnistes et dominatrices.

Échangisme (échange de partenaire avec un ou plusieurs autres couples)
Le compromis idéal : les avantages du mariage (tradition, conformisme) et de l'aventure (excitation de la chasse, de la conquête, de la découverte…) sans les risques.

Homosexualité (rapports sexuels et/ou vie à deux avec une autre femme)
Un bon plan. Satisfaisant pour son côté masculin fort (pas de dépendance, de passivité sexuelle), mais des problèmes souvent par rapport aux regards des autres, de la famille, des amis.
Accessoires (gadgets et stimuli du désir)
Pas son truc. Elle est trop nature pour ça. Mais un faible pour l'univers du cheval : cheval, cravache, selle, jockey, vétérinaire...

L'HOMME SAGITTAIRE

ICÔNES

Brad Pitt, Woody Allen, Ben Stiller, Alain Bashung, Thierry Lhermite, Loïck Perron, Philippe Bouvard, Francis Huster, John Cassavetes, Enrico Macias, Manu Dibango, Don Johnson, Laurent Voulzy, Keith Richard, Kiefer Sutherland…

SON PROFIL PSYCHOLOGIQUE

Optimiste : il a plus souvent tendance à sous-estimer les difficultés qu'à se dérober devant les obstacles. On peut l'accuser de tout sauf de mauvaise volonté, de manque d'enthousiasme. C'est un homme de challenges, mais ses réalisations sont rarement aussi vastes que ses projets : il vise souvent un peu trop haut, un peu trop loin.
Entreprenant : c'est un partisan de l'expansion, de la croissance, de la prospérité, tous azimuts. Pas de temps mort

dans vie (il supporte mal l'inactivité), il brasse sans cesse mille projets, il est prêt à relever tous les défis, à jouer tous les paris pour améliorer son sort (il est matérialiste) ou celui de l'humanité (c'est un philanthrope).

Tolérant : il comprend (et il accepte) très bien que tout le monde ne soit pas comme lui, que les autres aient des attitudes et des comportements différents des siens. Il est assez indulgent pour tolérer leurs faiblesses et leurs erreurs (comme ça, il peut faire un complexe de supériorité). Pour autant, sa tolérance s'arrête souvent là où commence l'intolérance des autres (c'est un libéral).

Honnête : bien sûr, il peut bluffer, se montrer opportuniste, être arbitraire, mais fondamentalement c'est quelqu'un de très « réglo », de très respectueux de la loi (essentielle pour construire le monde civilisé qu'il imagine). Parfois, c'est un peu ennuyeux (il est très conformiste), mais c'est d'une fiabilité à toute épreuve.

SES PLUS ET SES MOINS

SES QUALITÉS

Ses bonnes manières. C'est l'un des derniers représentants d'une espèce (chevaleresque) en voie de disparition.

Sa bonté, ce n'est pas un méchant, même s'il se montre souvent assez hypocrite.
Son côté bon vivant. Chez lui, rien (ou très peu) de triste ou de blasé, genre « on ne me la fait pas » ou « je suis revenu de tout » : il est toujours partant pour faire la fête.

SES DÉFAUTS

Ses grands airs (il ne se prend pas pour une crotte), son paternalisme (il joue les chefs sous prétexte de protéger).
Sa misogynie (il croit qu'il aime les femmes, mais il ne partage pas l'autorité).
Son côté coureur (même satisfait sexuellement, il ne peut pas s'empêcher de fantasmer sur une paire de fesses qui passe).

LUI ET LES FEMMES

SA MÈRE

Sa maman est une sainte, son père un héros (on vous dit que c'est un conventionnel !). Même quand il se prend pour un rebelle, il ne coupe jamais vraiment le cordon : le couple de ses parents reste un modèle pour lui (auquel il tentera de se conformer). Conséquence sur son caractère : c'est un garçon qui a souvent beaucoup d'assurance (au point de croire parfois que tout lui est permis) et de succès auprès des autres (au point d'être un peu énervant).

LES FEMMES QUI LUI PLAISENT (ATTRACTION)

Celles qui regorgent, comme lui, de joie de vivre et d'énergie sexuelle animale et innocente. Des femmes saines (pas de rates de bibliothèque ou de perverses), mais attention, pas des ploucs : il aime la sophistication (look, vernis de culture…). Les femmes libres, pas la sentimentale baveuse, qui « colle » (il craint l'intimité).
Jouables : une femme Lion (pour la passion) ou une Poissons (pour le plus de sensualité).

LES FEMMES QUI L'ENNUIENT (NEUTRALISATION)

Les frileuses. Il est extraverti, il a sans cesse besoin d'imprévu, d'idées et de visages nouveaux. Il déteste les molles, les lunatiques, les gens de mauvaise foi, les mélancoliques, les nombrilistes… Bref, il lui faut tout sauf une casanière, une femme trop chochotte ou une intimiste préoccupé par ses états d'âme, trop demandeuse d'attention et de soins (il est assez négligent de ce côté-là).

Exclues donc : les Cancer ou les Taureau, par exemple : beaucoup trop plan-plan pour lui.

LES FEMMES QUI LUI FONT PEUR (RÉPULSION)

Les femmes trop « sexe » (il a peur de ne pas assurer), les escrocs des sentiments ou du fric (il a envie d'être aimé pour lui, pas pour son argent, et de rester dans la loi pour bien dormir), les insatisfaites chroniques (leurs revendications le dépriment).
Sur la sellette : les Scorpion, les Gémeaux, les Capricorne.

LA FEMME QU'IL LUI FAUT (ÉLECTION)

Une femme droite (honnête, loyale, directe…). Il déteste tout ce qui n'est pas franc du collier, les sinueuses, les tordues, les maladives. Une conformiste. Elle doit être socialement intégrée, de préférence avoir un bon standing (argent et manières) : il déteste la racaille. Qui n'est pas tout le temps dans la demande affective. Une autonome : il ne « voit » plus les gens quand ils sont trop proches de lui. Elle doit pouvoir se débrouiller toute seule avec ses problèmes psy, ses angoisses ou ses états d'âme.

Bons choix : une Balance, une femme Verseau ou Sagittaire, qui sont comme lui beaucoup plus tournées vers la vie extérieure.

SA SEXUALITÉ

IL EST COMME ÇA !

Il parait que les hommes pensent au sexe deux cent six fois par jour (*dixit* des psys américains). Lui, c'est tout le temps. Mais comme il est plutôt BCBG, même quand il joue les voyous, ça reste souvent au niveau du fantasme.

SES PRÉFÉRENCES SEXUELLES

Le Sagittaire n'est pas un tordu. Il cherche la femme idéale. En bon macho à l'ancienne, il la voit à la fois comme une « maman » (pour élever ses enfants) et une « putain » (il veut l'avoir dans la peau). Et comme c'est un grand dadais, il imagine souvent très vite l'avoir trouvée (dès qu'il s'éclate sexuellement). Et comme c'est un garçon aussi très conventionnel, il l'épouse. Une fois qu'il l'a épousée, il lui fait de beaux bébés (des mâles, de préférence) et s'en occupe avec vigilance. Avantage : sa femme est assurée d'une certaine sécurité, même s'il n'est pas d'une monogamie à toute épreuve, ses galipettes hors mariage ne remettent pas en question fondamentalement sa relation de couple. Il n'est pas du genre à abandonner sa famille pour un jupon qui passe. En tout cas, pas dans les premières années. Pour lui, le sexe, c'est naturel (peu de fausse honte, d'inhibitions), mais il a besoin de sensations fortes et se lasse vite dès que ça devient trop routinier, sans surprise. Bref, il aime les femmes qui montrent leur désir (par exemple qui font l'amour en amazone) et prennent des initiatives (l'entraînent sous des portes cochères, le coincent dans une cabine d'essayage, lui sautent dessus derrière une dune…).

COMMENT LUI FAIRE L'AMOUR?

Très nature, assez spontané, très extraverti, le Sagittaire a une vision très positive, plutôt chaleureuse, de la sexualité, même si elle garde un petit parfum d'interdit très excitant. Pour lui, le sexe c'est d'abord une partie de plaisir. Ça ne doit rien avoir d'une prise de tête. Il est plutôt mal à l'aise quand il sent que c'est un peu compliqué. Plutôt dominateur (c'est un signe masculin), il a besoin de garder l'initiative. Avec lui, il faut éviter d'être directif (ne pas tenter d'en faire un objet sexuel), le laisser tout faire et le suivre (ne pas dire « Non, ce serait mieux comme ci ou comme ça »). Et puis surtout lui faire plaisir : se montrer toujours disponible et penser à faire ce qu'il aime.

OÙ SONT LES RISQUES DE PANNE ?

Chez les Capricorne ? C'est ce que semble montrer une enquête réalisée par une clinique britannique spécialisée en ligne : les Capricorne auraient plus de risque que les autres signes de souffrir de dysfonctions érectiles. Enclins à plus d'anxiété, un premier échec va entraînerait un stress qui sera la cause d'un second échec, etc. À l'autre bout du tableau, le Sagittaire, un chaud lapin. Le classement complet (et décroissant ☺).

1. Capricorne (23 décembre-19 janvier)
2. Cancer (23 juin-23 juillet)
3. Taureau (21 avril-21 mai)
4. Vierge (24 août-23 septembre)
5. Gémeaux (22 mai-22 juin)
6. Balance (24 septembre-23 octobre)
7. Verseau (20 janvier -19 février)
8. Lion (24 juillet-23 août)
9. Bélier (21 mars-20 avril)
10. Poissons (20 février-20 mars)
11. Scorpion (24 octobre-22 novembre)
12. Sagittaire (23 novembre-22 décembre)

Source : Firstmed Consulting

LE FENG SHUI DE VOTRE COUPLE

Pour les Chinois, au-delà de la magie de la rencontre entre deux êtres, l'amour est d'abord une affaire de compatibilités⊛ objectives calculées grâce à une puissante formule feng shui, longtemps restée secrète : le Pa Kua Lo Shu ou « chiffre kua » pour faire court. Quel est le vrai degré de compatibilité entre vous et lui ou elle ? Pour le savoir, vous devez confronter vos chiffres kua.

COMMENT CALCULER SON CHIFFRE KUA ?

Prenez l'année de naissance chinoise (voir page 78). Pour les Chinois, l'année commence toujours fin janvier ou début février. Si par exemple, une personne est née en janvier 1974, son année de naissance chinoise est 1973 et non 1974. Ensuite, additionnez les deux derniers chiffres de l'année de naissance et, si la somme dépasse neuf, faire le total. Par exemple, pour une naissance en 1973 : 7 + 3 = 10, 1 + 0 = 1.

Puis, si vous êtes une femme, ajoutez 5 pour obtenir le chiffre kua personnel. Exemple : 1 + 5 = 6.

Pour un homme, retranchez le chiffre de naissance de 10 pour obtenir votre chiffre kua. Par exemple, pour un homme né en 1965 : 6 + 5 = 11, 1 + 1 = 2, 10 – 2 = 8. Muni de ces deux chiffres kua, reportez-vous aux tableaux suivants pour connaître votre compatibilité de couple. Exemple, le chiffre kua 6 : il est compatible avec les hommes et les femmes 8, 7, 6, 2, 5. En revanche, il est incompatible avec les 1, 9, 4 et 3, hommes ou femmes. À noter : on peut aussi utiliser les chiffres kua pour déterminer son degré d'affinité avec ses amis ou son patron.

LES COUPLES COMPATIBLES

VOTRE CHIFFRE KUA	LE SIEN			
	SHENG CHI KUA	TIEN YI KUA	NIEN YEN KUA	FU WEI KUA
1	3	4	1	9
2	7	8 (et 5 femme)	2 (et 5 homme)	6
3	1	9	3	4
4	9	1	4	3

5	7 (et 6 femme)	8 (et 2 femme)	5	6 (et 7 femme)
6	8 (et 5 femme)	7	6	2 (et 5 homme)
7	2 (et 5 homme)	6	7	8 (et 5 femme)
8	6	2 (et 5 homme)	8 (et 5 femme)	7
9	4	3	9	I

SHENG CHI KUA ****

Compatibilité parfaite : non seulement votre partenaire est une source de bonheur sans cesse renouvelé, mais il vous apporte de surcroît une chance extraordinaire dans tous les domaines. Bref, il n'y a pas mieux pour s'épanouir à deux, prospérer et surmonter toutes les difficultés de l'existence.

TIEN YI KUA ***

Extrêmement compatible : un couple fait pour durer contre vents et marées. Et qui peut durer longtemps et en pleine santé parce que chacun veille au bien-être de l'autre. On sait d'ailleurs que grâce à ça l'espérance de vie est de quatre à cinq ans plus élevée dans ce genre de couple que dans les autres.

Nien Yen Kua **

Très compatible : une relation harmonieuse et heureuse. Le même désir – et la même volonté – de construire ensemble « quelque chose qui tienne », et souvent une infinie tendresse, une véritable attention à l'autre, un souci de son bien-être et de ses plaisirs. Bien sûr, vous pouvez avoir comme tout le monde vos petits (et gros) pépins de couple, mais vous ne songez pas à la séparation et au divorce chaque fois que cela ne va pas.

Fu Wei Kua *

Compatible : pas de doute, vous êtes bien assortis, votre couple est solide, fait pour durer ; en tout cas, vous pouvez aller très loin ensemble. Entre vous, peu de désaccords, ou si peu. En cas de problème, vous êtes capables de vous remettre en question, ou suffisamment intuitifs, pour faire le pas vers l'autre qui arrange tout. Chacun encourage l'autre et le soutient dans les mauvaises passes

COMMENT BIEN ORIENTER SON LIT POUR PLUS D'AMOUR ?

Une bonne orientation du lit est essentielle pour bien dormir. Mais c'est aussi l'un des éléments les plus déterminants pour réussir une relation amoureuse, faire durer son couple même en cas d'incompatibilité. Couché, la tête doit être orientée vers sa « direction personnelle ». Si c'est impossible, il faut choisir l'une des trois autres directions qui sont favorables. Mais surtout éviter les directions négatives.

Voici les directions favorables en fonction de votre chiffre kua.

Chiffre kua	Groupe	Directions favorables
1, 3, 4, 9	Est	Est, nord, sud et sud-est
2, 5, 6, 7, 8	Ouest	Ouest, sud-ouest, nord-ouest, nord-est

Et la direction idéale de votre tête en fonction de votre chiffre kua.

Si le chiffre kua est…	Il faut avoir la tête au…
1	Sud
2	Nord-ouest
3	Sud-est
4	Est
5	Ouest (femme), Nord-ouest (homme)
6	Sud-ouest
7	Nord-est
8	Ouest
9	Nord

LES COUPLES INCOMPATIBLES

VOTRE CHIFFRE KUA	LE SIEN			
	HO HAI KUA	WU KWEI KUA	LUI SHA KUA	CHUEH MING KUA
1	6	2 (et 5 homme)	7	8 (et 5 femme)
2	9	1	3	4
3	8 (et 5 homme)	7	2 (et 5 homme)	6
4	7	8 (et 5 femme)	6	2 (et 5 homme)
5	9 (et 3 femme)	8 (homme) et 4 (femme)	3 (homme) et 9 (femme)	4 (homme) et 1 (femme)
6	1	9	4	3
7	4	3	1	9
8	3	4	9	1
9	2 (et 5 homme)	6	8 (et 5 femme)	7

Ho Hai Kua ⚡

Incompatible : bien sûr, ça peut marcher et même un bon moment, mais cette relation ne va pas sans heurts. Le partenaire peut être la cause de mésaventures et même si vous vivez depuis très longtemps ensemble, votre couple reste fragile. Plus cimenté par le poids des habitudes que par une réelle complicité.

Wu Kwei Kua ⚡⚡

Très incompatible : on l'appelle aussi la relation des « cinq spectres », c'est-à-dire tous les éléments extérieurs qui peuvent occasionner des problèmes dans un couple : la famille, les enfants, l'argent, les amis et les autres femmes (ou hommes). Avec le temps, les conflits devenant de plus en plus intenses, vous risquez, si vous n'y prenez garde, de vous éloigner insensiblement l'un de l'autre.

Lui Sha Kua ⚡⚡⚡

Extrêmement incompatible : les Chinois appellent cette relation celles des « six meurtres ». Autant dire que l'on peut s'y faire beaucoup de tort l'un l'autre, cela dans tous les domaines et causer (même quand on croit être habité de bonnes intentions) d'immenses chagrins. La séparation est vivement conseillée et, quand elle n'est pas possible, de continuer à cohabiter en menant des existences séparées et en évitant soigneusement les motifs de discorde.

Chueh Ming Kua ⚡⚡⚡⚡

Incompatibilité absolue (et irréversible) : pour les Chinois, c'est le pire : la mort au sens métaphorique sinon littéral du terme. La relation qui conduit à la ruine (réputation, santé, argent…) et à la destruction (dépression, suicide). Donc, *a priori* à fuir comme la peste et le choléra réunis. Mais heureusement, d'autres éléments, par exemple des affinités astrologiques, peuvent souvent venir contredire cette incompatibilité apparente.

LE PETIT DICO DE L'ASTRO

Affinités planétaires : en plus des affinités en fonction des saisons et des éléments, nous avons aussi des compatibilités secrètes, cachées. Celles-ci dépendent des planètes. Ce qui fait vraiment la différence, qu'on se sent mieux immédiatement avec certaines personnes qu'avec d'autres, c'est notre accord planétaire. Chacun de nous est en effet en résonance avec l'une des cinq grandes planètes proches du Soleil : Mercure, Vénus, Mars, Jupiter et Saturne. Nous ne vibrons pas de la même manière ni pour les mêmes signes selon la planète à laquelle nous sommes « intimement » liés dès notre naissance.

Votre signe	Votre planète	Les bons signes pour vous
Bélier	Mars	Lion, Scorpion, Capricorne
Taureau	Vénus	Cancer, Balance, Poissons
Gémeaux	Mercure	Capricorne, Vierge, Lion
Cancer	Lune	Taureau, Balance, Verseau
Lion	Soleil	Bélier, Scorpion, Capricorne
Vierge	Mercure	Capricorne, Gémeaux, Lion
Balance	Vénus	Cancer, Taureau, Poissons
Scorpion	Mars	Bélier, Lion, Capricorne
Sagittaire	Jupiter	Poissons, Lion, Cancer
Capricorne	Saturne	Verseau, Vierge, Balance
Verseau	Saturne	Capricorne, Vierge, Balance
Poissons	Jupiter	Lion, Cancer, Sagittaire

Air : élément attribué au Gémeaux, à la Balance et au Verseau. Au positif, l'air présume une certaine vivacité mentale : les préoccupations, les intérêts sont très diversifiés. Au négatif, l'air suppose une certaine instabilité : les intérêts sont dispersés, les actes manquent de suivi.

Ascendant : c'est le degré exact du zodiaque où le cercle de l'horizon coupe celui de l'écliptique. Il correspond à la pointe de la Maison I. C'est le lieu du lever du soleil un jour donné.

Aspect : un aspect est une relation entre deux planètes d'un thème astrologique. Il se définit comme une relation géométrique entre deux points par rapport à un troisième. Les aspects tissent un réseau de communication entre les planètes inscrites dans les signes et dans les Maisons. Il y a sept principaux aspects : la conjonction, le semi-sextile, le sextile, le carré, le trigone, le quintile et l'opposition. Chacun a des effets particuliers sur les planètes concernées :

- Conjonction : les contradictions, les relations ambivalentes ;
- Semi-sextile : les non-relations, l'indifférence ;
- Sextile : les facilités, les relations favorables ;
- Carré : les antagonismes, les relations conflictuelles ;
- Quintile : les frictions positives ou négatives ;
- Trigone : les opportunités, les relations bénéfiques ;
- Opposition : les tensions, les relations bloquées.

Balance : du 23 septembre au 22 octobre environ. La Balance est le septième signe du zodiaque.
Genre : masculin. Rythme : cardinal. Élément : Air.
Mots-clefs : sentir, aimer, apprécier, séduire.

Bélier : du 21 mars au 20 avril environ. Le Bélier est le premier signe du zodiaque.
Genre : masculin. Rythme : cardinal. Élément : Feu.
Mots-clefs : exister, animer, découvrir, conquérir.

Cancer : du 22 juin au 22 juillet environ. Le Cancer est le quatrième signe du zodiaque.

Genre : féminin. Rythme : cardinal. Élément : Eau.
Mots-clefs : imaginer, ressentir, formuler, créer.

Capricorne : du 22 décembre au 20 janvier environ. Le Capricorne est le dixième signe du zodiaque.
Genre : féminin. Rythme : cardinal. Élément : Terre.
Mots-clefs : satisfaire, sélectionner, organiser, décider.

Cardinal : ce mot désigne toujours un signe qui représente le début d'une saison. Il y a quatre signes cardinaux dans le zodiaque : le Bélier, le Cancer, la Balance et le Capricorne, correspondant respectivement au début du printemps, de l'été, de l'automne et de l'hiver. Les signes cardinaux se caractérisent en termes d'énergie, d'impulsivité, de mobilité. Ce sont des épicuriens.

Carré : le carré est un aspect entre deux ou plusieurs planètes situées dans deux lignes séparées par deux autres signes. Il produit des effets conflictuels entre les planètes concernées qui se manifestent par des accidents ou des crises dans l'environnement ou l'entourage.

Carte du ciel : une carte du ciel, par exemple un thème de naissance, est une représentation du ciel à un moment précis pour un lieu donné. C'est un système symbolique qui, comme tous les systèmes, est formé par quatre composants :

- Une limite : le zodiaque et les signes, comme les frontières d'un pays ou du corps ;
- Des éléments : les planètes, comme les villes d'un pays ou les parties du corps ;
- Des mémoires : les Maisons, comme les quartiers d'une ville ou les organes du corps ;
- Un réseau de communication : les Aspects, comme les rues d'une ville ou les canaux corporels.

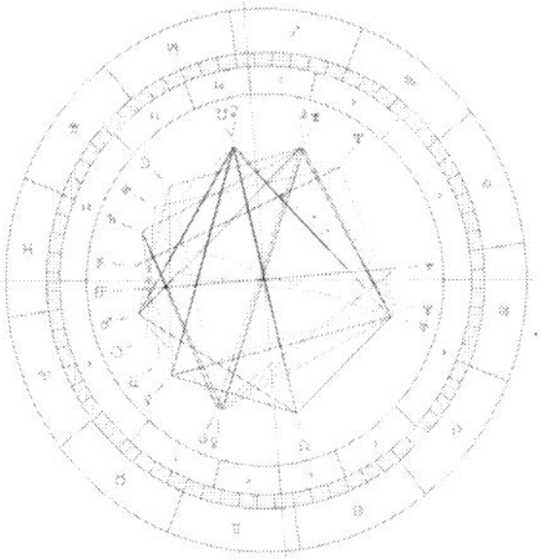

Conjonction : la conjonction est un aspect entre deux ou plusieurs planètes dans un même signe ; elle est favorable ou problématique selon la nature des planètes et du signe concernés.

Constellation : groupe d'étoiles fixes sans liens réels sinon apparents. Chaque constellation désignant une direction précise, elle servait autrefois de guide aux marins des mers méditerranéennes.

Compatibilités des signes : on a tous constaté qu'on s'entendait mieux avec certains signes qu'avec d'autres. C'est lié au fait que chaque signe solaire (votre signe de naissance) représente une certaine manière de voir le monde et que nos visions du monde sont plus ou moins proches, plus ou moins différentes. Notre signe ascendant joue aussi un rôle important dans nos relations dans la mesure où il représente une certaine manière de ressentir les choses. Quand on a des ascendants qui « collent », on a une sensibilité commune. Nos relations, nos amitiés, nos amours comme nos inimitiés, dépendent ainsi pour beaucoup des signes du zodiaque : il y a des associations idéales. Cependant, il est faux de croire que certains signes sont faits pour s'entendre et d'autres pour se détester. Les relations entre les signes, comme celles entre les êtres humains, sont infiniment complexes. Comment décoder les affinités entre les signes ? Trois clefs : les saisons, les éléments et les planètes.

Degré : la plus petite unité du cercle et du zodiaque. La division du cercle par 360 n'est pas arbitraire. Le chiffre est en réalité la moyenne entre la durée de l'année solaire (365 jours) et la durée de l'année lunaire (355 jours).

Eau : élément attribué au Cancer, au Scorpion et au Poissons. Au positif, l'eau figure la sensibilité, l'imagination, la réceptivité. Au négatif, elle suppose des fantasmes, une certaine passivité.

Écliptique : le Soleil semble tourner autour de la Terre. En se déplaçant, il décrit sur la sphère céleste, une ligne imaginaire : l'écliptique. Le zodiaque correspond à une frange étroite qui s'étend de part et d'autre de l'écliptique. Toutes les planètes du système solaire semblent se mouvoir sur cette frange quand on les observe depuis la Terre.

Élément : dans le zodiaque, les signes sont distribués par élément : le Feu pour le Bélier, le Lion et le Sagittaire ; la Terre pour le Taureau, la Vierge et le Capricorne ; l'Air, pour le Gémeaux, la Balance et le Verseau ; l'Eau pour le Cancer, le Scorpion, et le Poissons. À l'origine, chaque élément se rapportait à un couple de qualités sensibles : le chaud et le sec pour le Feu ; le froid et le sec pour la Terre ; le chaud et l'humide pour l'Air ; le froid et l'humide pour l'Eau. Dans le zodiaque, chaque élément a pour opposé son complémentaire : les signes de Feu (Bélier, Lion, Sagittaire) sont plus ou moins « amis » avec les signes d'Air (Balance, Verseau, Gémeaux) et les signes de Terre (Taureau, Vierge, Capricorne) avec les signes d'Eau (Cancer, Scorpion, Poissons). Chaque élément est aussi encadré par deux autres avec lesquels il est plus ou moins « ennemi » : à sa gauche, l'élément qui le menace, à sa droite celui qu'il menace. Par exemple, le Feu du Bélier est menacé par l'Eau du Poissons et menace la Terre du Taureau ou la Terre du Capricorne est menacée par le Feu du Sagittaire et menace l'Air du Verseau.

Féminin : signes féminins et masculins alternent dans le zodiaque comme alternent le pair et l'impair dans les chiffres. Sont féminins : le Taureau et le Cancer, la Vierge et le Scorpion, le Capricorne et le Poissons. Ils se caractérisent en termes de puissance, de virtualité, de réceptivité.

Feu : élément caractéristique du Bélier, du Lion et du Sagittaire. Au positif, le Feu présume le courage, la volonté, l'enthousiasme. Au négatif, il suppose l'impulsivité, la violence, un caractère velléitaire.

Fixe : ce mot désigne toujours un signe de milieu de saison. Il y a quatre signes fixes : le Taureau, le Lion, le Scorpion et le Verseau correspondant respectivement au milieu du printemps, de l'été, de l'automne et de l'hiver. Les signes fixes se caractérisent en termes de force, de constance et d'absolu. Ce sont des stoïques.

Gémeaux : du 21 mai au 21 juin. Le Gémeaux est le troisième signe du zodiaque.

Genre : masculin. Rythme : mutable. Élément : Air.
Mots-clefs : penser, observer, réfléchir, communiquer.

Horoscope : c'est en réalité le point de l'écliptique visible à l'horizon à l'instant précis d'une naissance. Aujourd'hui le mot désigne plus souvent un pronostic signe par signe.

Jour : le nom des jours de la semaine est une invention des Chaldéens. Ils ont attribué à chaque jour la « qualité » des astres qu'ils avaient découverts dans le ciel. Dimanche est le Soleil, l'esprit ; lundi, la Lune, le corps ; mardi, Mars, le courage ; mercredi, Mercure, la parole ; jeudi, Jupiter, la patience ; vendredi, Vénus, la beauté ; samedi, Saturne, la persévérance.

Jupiter : ordre, justice, spiritualité... Jupiter est associé à l'élément Feu, au Sagittaire (son signe), au Cancer et au Poissons.
Attributs : masculin, positif, chaud et sec.
Symbolise : la loi, la prospérité, la morale (philosophique, religieuse...), les voyages, les grandes entreprises.

Latitude-longitude : coordonnées terrestres indispensables pour le calcul des Maisons. Elles permettent de localiser chaque lieu d'observation d'une manière précise.

Lion : du 23 juillet au 23 août environ. Le Lion est le cinquième signe du zodiaque.

Genre : masculin. Rythme : fixe. Élément : Eau.
Mots-clefs : percevoir, regarder, comprendre, jouer.

Lune : réceptivité, imaginaire, impermanence… La Lune est associée à l'élément Eau, au Cancer (son signe) et au Taureau.
Attributs : féminin, obscur, froid et humide.
Symbolise : la féminité, la sensibilité, le désir.

Lune Noire : la Lune Noire est un point astronomique (le second foyer de l'ellipse lunaire) à lent déplacement, elle effectue un tour du zodiaque en huit ans et dix mois environ. Dans un thème astral, elle symbolise l'interdit. C'est à elle que l'on doit nos blocages physiques (timidité, frustrations), sexuels (peurs, dégoûts) et mentaux (peur de l'échec, de souffrir).

Maison : les Maisons sont aux signes ce que la terre est au ciel. Il y a douze Maisons comme il y a douze signes, mais à la différence des signes qui sont égaux (30 ° chacun, voir *Signe*), les Maisons ont des dimensions différentes car leur calcul dépend du lieu et de l'heure de l'observation depuis la Terre. Chaque maison représente un domaine de l'existence individuelle :

- Maison I (Ascendant) : le corps, l'image du moi ;
- Maison II : l'argent gagné, les biens matériels ;

- Maison III : les échanges matériels et intellectuels dans l'environnement immédiat ;
- Maison IV : le milieu familial présent, futur ;
- Maison V : l'amour, les créations ;
- Maison VI : le travail, la santé ;
- Maison VII : le couple, l'image de l'autre ;
- Maison VIII : les changements et les crises ;
- Maison IX : la propriété, les voyages ;
- Maison X (milieu du Ciel) : le social, la carrière ;
- Maison XI : l'amitié, le relationnel ;
- Maison XII : les épreuves de la vie.

Mars : action, énergie, force, mouvement… Mars est associé à l'élément Feu, au Bélier (son signe), ainsi qu'au Scorpion et au Capricorne.
Attributs : masculin, positif, chaud et sec.
Symbolise : la lutte pour la vie, la virilité, la passion, le désir, la conquête, la violence, les ennemis déclarés.

Masculin : sont masculins le Bélier, le Gémeaux, le Lion et la Balance, le Sagittaire et le Verseau. Ils se caractérisent en termes de dynamisme, d'action, d'efficacité.

Mercure : intelligence, mobilité, adaptation (Gémeaux), raison, intérêt, pragmatisme (Vierge)… Mercure est associé à l'élément Terre.
Attributs : masculin, positif, tempéré et sec (Gémeaux), féminin, négatif, tempéré et sec (Vierge).

Symbolise : la dualité, la curiosité, le travail intellectuel, les échanges (communication, commerce), les déplacements (Gémeaux) ; le travail, la santé, le commerce (distribution, marketing, publicité), les animaux domestiques (Vierge).

Mutable : le mot désigne toujours un signe qui clôt une saison. Il y a quatre signes mutables doubles : le Gémeaux et la Vierge, le Sagittaire et le Poissons correspondant respectivement à la fin du printemps et de l'été, de l'automne et de l'hiver. Ils se caractérisent en termes d'adaptation et de changement, d'information, d'ambivalence.

Neptune : foi, mysticisme, inspiration… Neptune est associé à l'élément Eau, au Poissons (son signe) et au Lion.
Attributs : féminin, négatif, froid et humide.
Symbolise : la mer, l'océan, l'irrationnel, le génie, le chaos, les grandes mutations, les drogues, les épidémies.

Opposition : c'est un aspect entre deux ou plusieurs planètes situées dans deux signes séparés par cinq autres signes. Elle présume toujours une contradiction essentielle, une situation conflictuelle, plus ou moins larvée. Elle est souvent source de problèmes chroniques, d'événements récurrents.

Planète : dans l'astropsychologie, les planètes sont affectées de valeurs symboliques. Ces valeurs font sens en fonction des signes et des Maisons où elles se situent à un moment donné. Voici ces principales valeurs:

- Soleil: la raison, la sagesse;
- Lune: la sensibilité, la féminité, le désir;
- Mercure: les échanges, les relations;
- Vénus: l'amour, le plaisir;
- Mars: l'énergie, l'action, l'agressivité;
- Jupiter: la chance, le bonheur, la prospérité;
- Saturne: les contraintes, les frustrations;
- Uranus: la nouveauté, les changements;
- Neptune: les croyances, la foi;
- Pluton: les pulsions, les crises.

Pluton: côté obscur de la force, intériorité, impartialité… Pluton est associé à l'élément Eau, au Scorpion (son signe) et au Sagittaire.
Attributs: féminin, négatif, froid et humide.
Symbolise: l'instinct, les pulsions, la sexualité, la mort, l'autodestruction, le mystère, le caché, le souterrain.

Poissons: du 20 février au 20 mars environ. Le Poissons est le douzième signe du zodiaque.
Genre: féminin. Rythme: mutable. Élément: Eau.
Mots-clefs: éprouver, subir, douter, sacrifier.

Queue du Dragon: voir *Tête du Dragon.*

Sagittaire : du 23 novembre au 21 décembre environ. Le Sagittaire est le neuvième signe du zodiaque.
Genre : masculin. Rythme : mutable. Élément : Feu.
Mots clefs : appréhender, vouloir, apprendre, projeter.

Saison : dans le zodiaque, les signes sont d'abord regroupés par saison ; à chaque saison correspond un certain type de caractère. Les signes de printemps et d'été (Bélier, Taureau, Gémeaux, Cancer, Lion, Vierge) sont, par exemple, plus tournés sur le monde extérieur. Ils privilégient en général les faits, les réalités objectives. Ils ont tendance à extérioriser plus ou moins leurs réactions. Ils sont plus orientés dans le sens d'une adaptation à l'environnement. En revanche, les signes d'automne et d'hiver (Balance, Scorpion, Sagittaire, Capricorne, Verseau, Poissons) donnent plutôt la priorité aux réalités subjectives, aux valeurs. Ils ont tendance à intérioriser plus ou moins leurs réactions. Ils cherchent plus à s'émanciper de l'environnement. Les signes de printemps et d'hiver se caractérisent aussi en termes d'excitation (vivacité, mobilité, suractivité, instabilité...). Tandis que ceux d'été et d'automne sont plus « inhibés » (indolence, inertie, sous activité, stabilité...).
Chaque saison comporte trois signes et ces signes ont des réactions communes qui peuvent les rapprocher. D'un caractère vif, plutôt joyeux, mais néanmoins un peu susceptible, les signes de printemps (Bélier, Taureau,

Gémeaux) s'entendent bien entre eux. De même, les signes d'été (Cancer, Lion, Vierge) tout aussi passionnés, mais plus retenus dans leurs démonstrations. D'un autre côté, les signes d'automne (Balance, Scorpion, Sagittaire), plus intériorisés et plus calmes, ont aussi des affinités naturelles. Comme en ont aussi les signes d'hiver (Capricorne, Verseau, Poissons) beaucoup plus introvertis.

Saturne : rigueur, solidité, fiabilité… Saturne est associé à l'élément Terre, au Capricorne (son signe), au Verseau et à la Balance.
Attributs : féminin, négatif, froid et sec.
Symbolise : la durée, les épreuves, la solitude, le devoir, l'ambition, l'effort, les montagnes et les sommets.

Scorpion : du 23 octobre au 22 novembre, le Scorpion est le huitième signe du zodiaque.
Genre : féminin. Rythme : fixe. Élément : Eau.
Mots-clefs : transformer, concevoir, désirer, abstraire.

Soleil : amour, gloire et beauté… Le Soleil est associé à l'élément Feu, au signe du Lion (son signe) et du Bélier.
Attributs : masculin, positif, chaud et sec.
Symbolise : l'ego, l'autorité, la vitalité, la créativité, le succès.

Signe : la Terre accomplit dans le ciel deux mouvements : elle tourne autour du Soleil en un an de temps sidéral et elle tourne sur elle-même en vingt-quatre heures. La première rotation définit la succession des saisons et les douze signes du zodiaque. Cette division du zodiaque en douze signes de 30 ° ne doit d'ailleurs rien au hasard. Le chiffre douze, c'est ce qu'on obtient quand on divise la durée de la révolution de la Terre autour du Soleil (365,2 jours) par celle de la Lune (29,5 jours). La seconde rotation détermine de son côté les Maisons astrologiques. Dans un thème astrologique, l'articulation des signes et des Maisons représente ainsi l'intégration d'un cycle annuel et quotidien

Taureau : du 21 avril au 20 mai. Le Taureau est le deuxième signe du zodiaque.
Genre : féminin. Rythme : fixe. Élément : Terre.
Mots-clefs : réfléchir, informer, mémoriser, concrétiser.

Terre : élément caractéristique du Taureau, de la Vierge et du Capricorne. Au positif, la Terre se traduit par la stabilité, le pragmatisme. Au négatif, elle suppose une certaine rigidité, un isolement.

Tête du Dragon : la Tête et la Queue du Dragon sont les deux pôles de l'axe astronomique formé par l'intersection des ellipses solaires et lunaire. Ils jouent un rôle essentiel dans l'astrologie indienne (voir « Sa vie d'avant, sa vie d'après »).

Thème astrologique : voir *Carte du ciel.*

Trigone: le trigone est un aspect entre deux ou plusieurs planètes situées dans deux signés séparés par trois autres signes; il est considéré comme très positif et se traduit généralement par des événements, petits et grands, profitables.

Uranus: progrès, technologie, interactivité... Uranus est associé à l'élément Air, au Verseau (son signe) et au Scorpion.
Attributs: masculin, positif, froid et sec.
Symbolise: l'altruisme, l'électricité, l'aviation, la conquête spatiale, la liberté, les découvertes, le futur.

Vénus: sensualité, intériorisation, volonté (Taureau), élégance, harmonie, équilibre (Balance)... Vénus est associée à l'élément Air et, également, au signe du Poissons.
Attributs: féminin, négatif, humide, tempéré (Taureau), masculin, positif, chaud et humide (Balance).
Symbolise: les beautés de la nature, les plaines, les champs, l'art, le plaisir, l'amour, tout ce qui est doux et agréable (Taureau); le couple, les unions (pacs, mariage...) et associations, la diplomatie, la culture, les plaisirs, la fête (Balance).

Verseau: du 21 janvier au 19 février. Le Verseau est le onzième signe du zodiaque.

Genre: masculin. Rythme: fixe. Élément Air.
Mots-clefs: connaître, coopérer, diversifier, innover.

Vierge: du 24 août au 22 septembre. La Vierge est le sixième signe du zodiaque.
Genre: féminin. Rythme: mutable. Élément: Terre.
Mots-clefs: expérimenter, observer, analyser, critiquer.

Zodiaque: le zodiaque tel qu'on le connaît et utilise aujourd'hui est une invention des Babyloniens, ou Chaldéens, une civilisation établie en Mésopotamie, l'actuelle Irak, il y a plus de quatre mille ans. Les Chaldéens connaissaient parfaitement les mouvements du Soleil, de la Lune et des cinq planètes les plus proches de la Terre: Mercure, Vénus, Mars, Jupiter et Saturne. Ce sont eux qui ont divisé le zodiaque en douze parties égales. Eux aussi qui ont divisé le cercle en 360 degrés, le degré en 60 minutes et la minute en 60 secondes.
Cette division du cercle par trois cent soixante est loin d'être arbitraire. C'est ce que l'on obtient quand on ajoute la durée de l'année solaire (365 jours) à celle de l'année lunaire (355 jours) et qu'on divise par deux.

DÉCOUVREZ LES PETITS LIVRES DES DOUZE SIGNES ASTROLOGIQUES

DÉCOUVREZ LES PETITS LIVRES DES DOUZE SIGNES ASTROLOGIQUES